Erfolgreiche PR- und Unternehmenstexte

Susanne Diehm und Jutta Michaud

Erfolgreiche PR- und Unternehmenstexte

Kreative Schreibideen | authentischer Content | mehr Aufmerksamkeit

mitp

Bibliografische Information der Deutschen Nationalbibliothek
Die Deutsche Nationalbibliothek verzeichnet diese Publikation in der
Deutschen Nationalbibliografie; detaillierte bibliografische
Daten sind im Internet über <http://dnb.d-nb.de> abrufbar.

Bei der Herstellung des Werkes haben wir uns zukunftsbewusst für
umweltverträgliche und wiederverwertbare Materialien entschieden.
Der Inhalt ist auf elementar chlorfreiem Papier gedruckt.

ISBN 978-3-8266-8215-5
1. Auflage 2014

www.mitp.de
E-Mail: kundenbetreuung@hjr-verlag.de

Telefon: +49 6221/489-555
Telefax: +49 6221/489-410

© 2014 mitp, eine Marke der Verlagsgruppe Hüthig Jehle Rehm GmbH
Heidelberg, München, Landsberg, Frechen, Hamburg

Lektorat: Miriam Robels
Sprachkorrektorat: Sabine Welter
Covergestaltung: Anika Wilms
Coverbild: © style-photography.de - Fotolia.de
Satz: III-Satz, Husby, www.drei-satz.de
Druck: Westermann Druck Zwickau GmbH

Inhaltsverzeichnis

7: Social Media – ein weites Feld! 131

8: Schreiben für Ihre Work-Life-Balance 149

Anhang 157

Einleitung

Auf der perfekten Welle gegen Informationsfluten ansurfen

Auf dem Schreibtisch stapeln sich ungelesene Fachmagazine, PC und Smartphone wetteifern bei der Lieferung neuer E-Mails, Apps und Nachrichten, die mindestens oberflächlich gescannt werden müssen. Dazwischen klingelt das Telefon, müssen Termine koordiniert, Anfragen beantwortet, private Aufgaben erinnert werden.

Willkommen im Herzen des Informationstsunamis!

Die Informationsfluten stehen Ihnen schon bis zum Halse und als wäre der Druck, ständig präsent sein zu müssen, nicht schon genug, sollen ausgerechnet Sie sicherstellen, dass Ihr Unternehmen, Ihre Institution, Ihr Produkt oder Ihre Dienstleistung im medialen Getümmel auffällt. Wo doch jeder weiß, wie schwierig das ist, sofern man kein Mittel gegen Krebs oder Übergewicht zu bieten hat!

Keine Panik. Sie schaffen es auch ohne Wundermittel.

Im Idealfall werden Sie sogar mit jedem Kapitel dieses Buches mehr Gefallen an Ihrer Aufgabe finden und Methoden entdecken, die Sie auch bei anderen Gelegenheiten einsetzen und damit viel Zeit sparen können. Ob Sie eine Sitzung oder eine Rede vorbereiten oder »nur« eine E-Mail mit kniffeligem Inhalt schreiben müssen: Nach der Lektüre unseres Buches können Sie dann aus Ihrem eigenen Fundus schöpfen.

Wir möchten unsere Aufgabe so gut erfüllen, dass Ihnen PR-Arbeit künftig auch dann Spaß machen wird, wenn sie bisher nicht zu Ihren Lieblingsaufgaben gezählt hat. Im besten Fall haben Sie nämlich schon nach der Lektüre unseres Buches und den darin enthaltenen Übungen einige Ihrer wichtigsten Basisaufgaben erledigt und können Häkchen für Häkchen auf Ihrer To-Do-Liste abhaken. Ein toller Gedanke, oder? »Wenn du ein Schiff bauen willst, (...) lehre die Männer die Sehnsucht nach dem weiten endlosen Meer«, wusste schon Antoine Saint-Exupéry. Das ist unsere Einstimmung auf die Lektüre: Lehnen Sie sich entspannt an die Reling Ihres Schiffes, genießen Sie das Blau des Meeres und freuen Sie sich auf die vielen Fische, die Ihnen bald ins Netz hüpfen.

Wenn Sie zwischendurch an Land gehen, um unbekanntes Terrain zu erobern, werden wir Sie Schritt für Schritt durch den (PR-) Dschungel begleiten. Die Macheten, mit denen wir Ihnen den Weg ebnen, sind Worte. Wir helfen Ihnen, die richtigen zu finden, damit Sie sich schon beim nächsten Projekt ganz leichtfüßig auf den Weg machen können. Außerdem unterstützen wir Sie dabei, heraus zu finden, womit Sie Ihre Zielgruppen ködern oder ihnen einen Zusatznutzen anbieten können. Falls Sie noch nicht sicher sind, mit wem Sie es bei Ihrer Zielgruppe zu tun haben, werden Sie schon klarer sehen, wenn Sie das erste Kapitel durchgearbeitet haben.

Das ist das Besondere an diesem Buch, unser Alleinstellungsmerkmal und Ihr Gewinn: Wir schreiben Ihnen nicht vor, wie es geht, sondern wir laden Sie ein, anhand von Übungen, die aus Methoden des Kreativen Schreibens abgeleitet sind, selbstständig herauszufinden, wie Sie sich im Informationsgetümmel am besten positionieren. Dieses Kapital bleibt Ihnen, denn Sie sind nicht nur beraten worden, sondern haben gelernt! Wir überlassen Ihnen das Rüstzeug, das wir als Marketing- und PR-Frauen schätzen gelernt haben, ehe wir unseren Master in Kreativem und Biografischen Schreiben gemacht und uns eine neue Existenz als Autorinnen und Schreibcoaches aufgebaut haben. Lange Jahre waren wir als PR-Dienstleister unterwegs. Susanne Diehm bei Gillette und Procter & Gamble, Jutta Michaud nach beruflichen Stationen in Zeitungsredaktionen und Werbeagenturen als PR-Beraterin für die Immobilienwirtschaft. Wie man seine Zielgruppe findet, zielgruppenadäquat formuliert, was »geht oder nicht geht«, was Journalisten brauchen und wie sie »bedient« werden möchten, wissen wir aus langjähriger Erfahrung. Und da wir auch einmal angefangen haben, kennen wir Ihre Nöte!

Langweilige Faktenvermittlung war gestern

Ausgerüstet mit den Methoden des Kreativen Schreibens und langjähriger Berufserfahrung in professionell arbeitenden Unternehmen, können wir daher heute nicht nur Basiswissen vermitteln, sondern PR-Newcomer wie Sie schnell fit machen für die neue Kür auf dem Weg zum Adressaten: Infotainment und Storytelling. Langweilige Faktenvermittlung war gestern. Heute möchten die Menschen eine gute Erfolgsstory hören, die nicht nur wirtschaftliche Aspekte berücksichtigt, sondern in der es auch »menschelt«. Auch in der Wirtschafts- und Werbewelt ist heute »human interest« gefragt. Erst recht im Film – haben Sie »Philomena« von Steven Frears gesehen? Auch dort verlangt eine Chefredakteurin nach einer Story mit »human interest«.

Natürlich bleibt die Beantwortung der klassischen W-Fragen (Wer? Was? Wann? Wo? Warum?) das Pflichtprogramm eines jeden erfolgreichen PR-Textes, ob es sich um eine Pressemitteilung, eine Produktinnovation oder eine ansprechende Website handelt. Doch die Antworten auf diese Basisfragen werden heutzutage auf vielfältige Weise »verpackt«. Unterhaltsamer als je zuvor, berührender und so, dass Ihre Botschaft nicht untergeht. Skeptisch? Lassen Sie sich überraschen, was man mit den Methoden des Kreativen Schreibens erreichen kann.

Aufgaben lustvoll gestalten

Allerdings verschweigen wir auch nicht, dass Sie ein paar unerlässliche Hausaufgaben machen müssen, ehe sich Ihr Unternehmen im medialen Blitzlichtgewitter sonnen kann. Vergessen Sie die Schule, die den Begriff »Hausaufgaben« für die meisten von uns negativ geprägt hat: Auch Hausaufgaben können lustvoll sein. Man muss nur die richtigen Arbeitstechniken haben. Dabei ist es hilfreich, die eigenen Erfahrungen mit einzubeziehen. Sie kennen die Kehrseite der Medaille: Sie wissen, wie man sich als »Informationsflutopfer« fühlt. Sie wissen, was man sich wünscht, um ans sichere Ufer zu gelangen, ehe einem das Wasser bis zum Halse steht. Nutzen Sie also Ihre eigenen Emotionen und Erfahrungen und lassen Sie diese in Ihre PR-Texte einfließen. Machen Sie sich Gedanken über das richtige Timing, um Ihre Informationen treffsicher zu platzieren und berücksichtigen Sie auch die Besonderheiten der Social-Media-Kommunikation. Wir stehen Ihnen mit Tipps zur Seite, wie Sie Ihr Wissen für sich und Ihr Unternehmen arbeiten lassen können.

Es wird Sie vielleicht erstaunen, doch grundsätzlich ist es für die PR-Arbeit gleichgültig, um welche Art von Unternehmen es sich handelt – sofern man seine Zielgruppe und deren Bedürfnisse kennt. Wichtig ist es, die hier vorgestellten Methoden zu nutzen um herauszufinden, welche Zielgruppenansprache für Ihr Angebot die passende ist. Wenn wir im Folgenden den Begriff »Unternehmen« verwenden, werden wir dabei auch immer mitbedenken, dass es sich auch um eine Institution, eine Dienstleistung, einen selbstständigen »Einzelkämpfer« oder ein Produkt handeln könnte, für das Sie, liebe Leser, erfolgreiche PR-Arbeit betreiben möchten.

Lassen Sie uns also gemeinsam lossurfen. Die Grundvoraussetzung haben Sie schon: Das Gefühl für die Notwendigkeit, auch in turbulenten Gewässern den Kopf über Wasser halten zu können. Wenn Sie nach Schritt eins und zwei schon wissen, welche Informationen Ihre Zielgruppe benötigt und wie man sie am besten verpackt, dann surfen Sie schon ganz entspannt gegen die Informationsflut an. Nur Mut. Ihre Botschaft wird ankommen.

Kreatives Schreiben – Was ist das eigentlich?

Darauf gibt es viele Antworten, die je nach Kontext unterschiedlich beantwortet werden können. Hier nur so viel: Grundsätzlich handelt es sich dabei um eine Vielzahl von Methoden, die Schreibenden helfen, ihre unbewussten »Ressourcen anzuzapfen«, innere Bilder herauf zu beschwören und dann die richtigen Worte zu finden.

Es geht darum, Blockaden oder Schreibhemmnisse gar nicht erst aufkommen zu lassen und der eigenen Intuition zu vertrauen. Und wenn der ewige Zweifler und sein garstiger Kollege, der innere Zensor, doch einmal den Kopf erheben, dann hat das Kreative Schreiben Methoden parat, mit denen Sie die Häupter der bösen Hydra ein für alle Mal abschlagen können. Diese Methoden sind bei der schreibenden Zunft schon seit Jahrhunderten im Einsatz. Für alle, die mehr zur Geschichte des Kreativen Schreibens erfahren möchten, verweisen wir an dieser Stelle auf das Literaturverzeichnis.

Übrigens: Haben Sie vor Ihrem inneren Auge das eine oder andere Bild gesehen, als Sie unser Vorwort lasen? Neben der Vermittlung von harten Fakten geht es nämlich genau darum: Vor dem inneren Auge des Lesers Bilder entstehen zu lassen und ihn damit **emotional** zu erreichen. Aus der Gehirnforschung weiß man heute, dass **die besten Leistungen immer** dann erzielt werden, wenn **Kognition und Emotion** optimal **miteinander verknüpft werden**. Bilder (auch solche, die nur vor dem inneren Auge erscheinen) sagen nicht nur mehr als 1000 Worte, sie unterstützen unsere Emotionen und sie tragen dazu bei, Inhalte langfristig zu erinnern.

»Gebrauchsanweisung« für dieses Buch

Manche unserer Aussagen werden Ihnen in diesem Buch mehrfach begegnen. Das ist durchaus gewollt. Erstens merkt man sich Inhalte besser, wenn Sie mehrfach mit anderen Worten wiederholt werden. Zweitens haben wir das Buch so angelegt, dass Sie es nicht unbedingt von vorne bis hinten lesen müssen: Sie können auch gleich zu dem Thema springen, das Ihnen gerade am meisten unter den Nägeln brennt. Und wenn Sie sich zunächst einen groben Überblick verschaffen möchten, lesen Sie zunächst die Kästen, Tipps und Checklisten. Aber bitte lassen Sie unsere Übungen nicht aus, denn die werden Ihre Kreativität beflügeln!

Über die
Autorinnen

SUSANNE DIEHM ist Autorin mehrerer Sachbücher und eines Romans. Sie lehrt "Kreatives Schreiben", begleitet andere Autoren als Coach und kombiniert Schreiben gerne mit neuen Ideen. Schon in ihrem ersten Buch hat sie bewiesen, dass Methoden des Kreativen Schreibens in allen Berufen einsetzbar und nützlich sind...

Nach vielen Jahren als Pressereferentin und Kommunikationsberaterin bei Gillette/P&G, einem Studium zum M. A. Biografisches und Kreatives Schreiben und Ausbildungen zur Schreib-, Kreativitäts- und Lerntherapeutin tritt die Autorin nicht nur als Schreibcoach, sondern auch als Schreibtherapeutin auf die Bühne. In ihrem Atelier, in Unternehmen und Europäischen Projekten eröffnet sie ihren Klienten neue Welten: Mit beruflichem und privatem Schreiben, das vielfältige Perspektiven entfaltet, aber auch in Workshops, die der Gesundheitsförderung und Stressbewältigung dienen.

International bietet sie gemeinsam mit ihrer Teamkollegin Jutta Michaud regelmäßig Seminare und Workshops an. Die beiden Schreib- und Kreativitätsexpertinnen sind für das Deutsche Institut für Lerntherapie bundesweit unterwegs. Auch Workshops zum Buch sind in den deutschsprachigen Ländern geplant. Susanne Diehm lebt mit ihren beiden Kindern in Berlin.

- ▸ Webseite: *www.susanne-diehm.de*
- ▸ Blog: *http://schreibenbefluegelt.wordpress.com*
- ▸ Mail: *info@susanne-diehm.de*

JUTTA MICHAUD, Dipl. Soz., M.A. Biografisches und Kreatives Schreiben, Autorin, Schreibcoach, zertifizierte Kunst-, Kreativitäts- und Lerntherapeutin, begann ihr Berufsleben als Diplom-Soziologin und Journalistin. Nach Stationen in Medien, Agenturen und Unternehmen, war sie lange Jahre freiberuflich in der Unternehmenskommunikation tätig. Dort betreute sie schwerpunktmäßig Projektentwicklungsunternehmen der Immobilienbranche.

Mit dem Masterstudiengang „Biografisches und Kreatives Schreiben" knüpfte sie an alte Leidenschaften an. Sie veröffentlichte mehrere Kurzgeschichten und einen Roman. Schreiben, Lehren, Autorencoaching sowie die Entwicklung von Schreibangeboten zur Gesundheitsprophylaxe sind die Bereiche, in denen sie heute überwiegend tätig ist. In ihre Kurse zur Persönlichkeitsentwicklung, Ressourcenstärkung und Gesundheitsprophylaxe integriert die begeisterte Sportlerin gern Körperarbeit und Kreativitätstechniken. Darüber hinaus bietet sie Schreibberatung für PR-Kräfte und lehrt in Bildungseinrichtungen, Institutionen und Unternehmen, wie man Kreatives Schreiben beruflich nutzen kann. Seit 2013 ist sie bundesweit als Dozentin für das Deutsche Institut für Lerntherapie tätig. Mit ihrer Teamkollegin Susanne Diehm entwickelt sie regelmäßig Konzepte für Workshops und neue Buchideen. Auch sie lebt mit ihrer Familie in Berlin.

www.michaudpr.de

Autorenseite: *jutta.michaud.wordpress.com*

E-Mail: *schreiben@michaudpr.de*

Kapitel 1

»Writers little Helper«

1.1 Textportfolio führen und passend zum Schreibtyp arbeiten

Ehe Sie loslegen, möchten wir Ihnen eine Methode verraten, die für uns bei der Arbeit an größeren Textprojekten unverzichtbar geworden ist. Wir schwören auf die Arbeit mit einem Textportfolio!

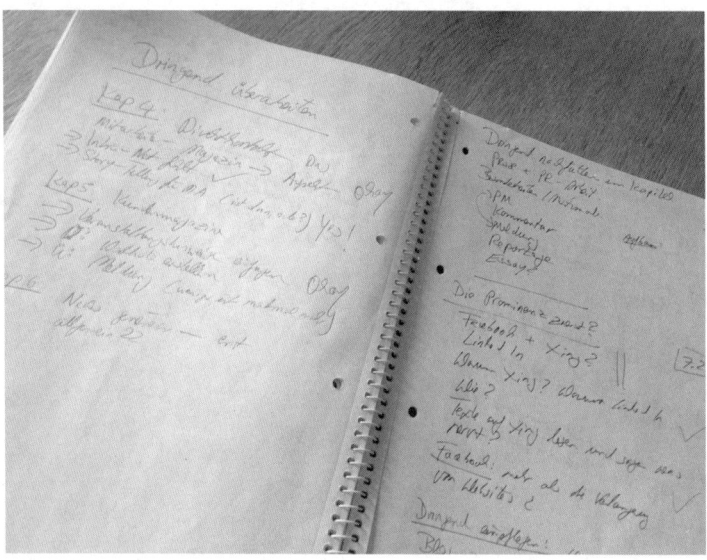

Das ist nichts Kompliziertes, sondern nichts weiter als eine Art »Tagebuch« für Ihren Text. Sie haben noch nie ein Tagebuch geführt? Macht nichts. Es ist einfach und effektiv. Es unterstützt Sie dabei, strukturiert vorzugehen und dem Schreibprozess mehr Zeit zu geben. Größere Schreibprojekte, wie eine Website, ein Produkthandbuch oder eine Rede, lassen sich deutlich besser bewältigen, wenn sie in einzelnen Schritten erfolgen. Wer den Anspruch hat, dass immer alles gleich aus einem Guss sein muss, hat schon verloren. Dieser Anspruch ist – gerade für Menschen, die nicht täglich schreiben – viel zu hoch. Sicher kämen Sie auch nicht auf die Idee, völlig untrainiert an einem Marathonlauf teilzunehmen, oder? Wichtige Texte müssen erst einmal einen Tag lang liegen, die Inhalte sacken, frisch angeschaut und dann verändert werden. Überarbeitung braucht seine Zeit, und für Satzzeichen und Rechtschreibung müssen Sie dann auch noch einmal einen Durchgang einplanen. Was sagt Ihnen das? Genau: Rechtzeitig anfangen und ein Texttagebuch führen!

Schreib-Sicherheit entwickeln

In unserem Portfolio oder Texttagebuch gehen wir auf die Metaebene, planen, notieren was wir bereits geschafft haben, wo wir noch einmal etwas nachschlagen möchten oder müssen und – ganz wichtig – was wir für ein Gefühl bei dem haben, was wir geschrieben haben. Unsicherheiten sind dabei ebenso wichtig, wie Begeisterung, denn am »Bauchgefühl« ist meist etwas dran. Was, das erkennt man oft erst ein paar Tage später, aber das Portfolio hilft Ihnen, ein Gefühl der Sicherheit dabei zu entwickeln. Das kann dann beispielsweise einmal so klingen:

»Der Einstieg auf Seite 27 gefällt mir irgendwie nicht, da muss ich noch mal ran«. Und zwei Tage später so: *»Jetzt weiß ich, was mich gestört hat: es fehlte der Hinweis auf den Nutzen. Nachgelegt: Done!«*

Wenn Sie bestimmte Themen farbig markieren, hilft es Ihnen, die entsprechende Passage schnell wiederzufinden.

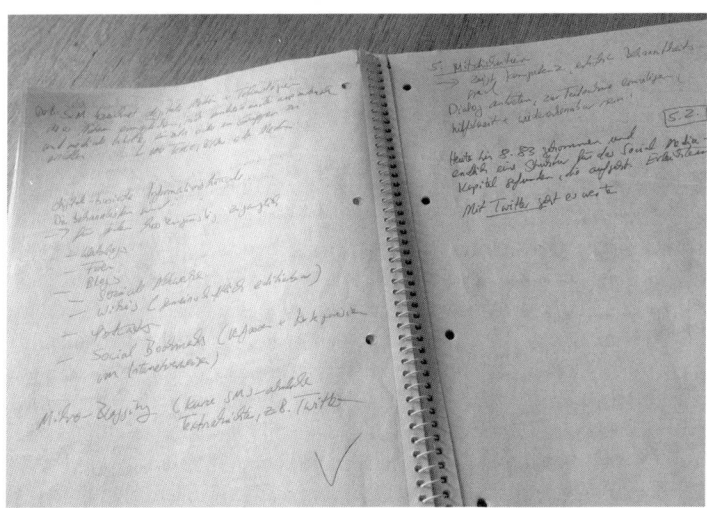

Geistesblitze organisieren

Wiederfinden und unkompliziert ergänzen funktioniert erfahrungsgemäß noch besser, wenn man zunächst immer nur die rechte Seite seines Journals beschreibt. Auf der linken Seite können dann plötzlich aufkommende Geistesblitze, Querverweise oder Literaturhinweise zum jeweiligen Kapitel notiert werden. Diese Methode kommt einem typischen Phänomen des kreativen Prozesses entgegen: Ihr Gehirn arbeitet im Hintergrund fleißig weiter, während Sie sich längst mit anderen Themen beschäftigen. Der »Output« kommt dann ganz plötzlich und unkontrolliert hervor – nicht am Schreibtisch, wo Sie ihn erwarten, sondern im Bad oder beim Spazieren gehen. Sie müssen Ihr Hirn entlasten, damit es optimal arbeiten kann. Deshalb sollten Sie solche »Eingebungen« in Ihrem Portfolio »parken« und später in Ihren Text einarbeiten. Das ist besonders praktisch, wenn Sie gerade an einer ganz anderen Stelle arbeiten und sich auch nicht wieder davon ablenken lassen möchten. Nur eine kurze Notiz in Ihrem Texttagebuch, schon sind Sie entlastet und können entspannt in die aktuelle Aufgabe versinken. Das Textportfolio hilft also, das kreative Chaos zu bändigen. Hier ein Beispiel für einen Gedanken, der plötzlich zwischendurch auftauchte:

»7.11.: Yippieh, erstes Etappenziel erreicht: 50 Manuskriptseiten!«

Ordnung halten

Falls Sie zu den Menschen gehören, die hin und wieder in der eigenen Zettelwirtschaft unterzugehen drohen, wird Ihnen das Textportfolio besonders gut helfen. Sie finden alles an einem Platz und mit einem Datum versehen.

Wenn Sie Ihr Text- oder PR-Projekt neben Ihren üblichen Aufgaben bewältigen, ist es hilfreich, eine feste Zeit dafür zu reservieren. Wenn diese Phase abgelaufen ist, notieren Sie am besten in wenigen Sätzen, was Ihnen spontan zu Ihrer »Tagesproduktion« einfällt. So eine Textreflexion kann ganz kurz sein und hilft am nächsten Tag, ganz schnell wieder in den Text hineinzufinden. Stärken und Schwächen des Textes lassen sich damit ebenso leicht identifizieren. Bei einem umfangreichen Schreibprojekt – einem Buch oder einer PR-Strategie beispielsweise – kann es vorkommen, dass man während des Schreibens auf die Idee kommt, die Gliederung umzustrukturieren. Sollten Sie an diesen Punkt kommen, raten wir Ihnen, im Textportfolio festzuhalten, *warum* Sie das machen wollen. Denn manchmal vergisst man das im Eifer des Gefechtes und stürzt sich damit immer wieder in Unsicherheiten. Haben Sie Ihre eigenen Argumente vor Augen, lassen sie sich in solchen Fällen leichter hinterfragen. Hin und wieder erwischen sich die meisten Menschen bei einem inhaltlichen Richtungswechsel und möchten sich am liebsten mit einem Adenauer-Zitat besänftigen: »Was kümmert mich mein dummes Geschwätz von gestern«. Doch wie gesagt, es beruhigt ungemein, auch Tage später noch zu wissen, warum man sich zu einem Richtungswechsel entschlossen hat.

»20.1.: Ich glaube, es wäre logisch, an dieser Stelle und nicht erst später das Thema »News generieren« zu behandeln. Das Thema ist übergreifend und betrifft nicht nur Social Media, sondern auch Mitarbeiter- und Kundenzeitschriften.«

Übrigens: Sollten Sie sich anschließend wieder umentscheiden, ist das auch nicht schlimm. Hauptsache, Sie sind mit Ihrer Struktur und dem Text letztendlich zufrieden.

Selbstcoaching

Im Portfolio darf man sich auch selbst loben. Halten Sie ruhig einmal schriftlich fest, wenn Ihnen etwas gut gelungen ist, das motiviert!

Tipps von Freunden und Kollegen, motivierende Bilder oder Comics, eine kluge Bemerkung von XY, ein inspirierender Zeitungsausschnitt – all das gehört auch ins Textportfolio. Ebenso kleine Siege, Tiefpunkte und – ganz wichtig! – Ihre ganz persönliche Methode, diese zu überwinden. Das klingt dann vielleicht einmal so:

»Montag, 28. Oktober: Heute ist mir aufgegangen, warum mir die Unternehmensphilosophie solche Bauschmerzen bereitete: als Kleinunternehmer geht es darum offenzulegen, was mir im Umgang mit Kunden und Lieferanten wichtig ist: Verlässlichkeit, Vertrauen, ein freundlicher Umgangston, der ehrliches Interesse für das Gegenüber ausdrückt. Das ist meine Philosophie! Ich dachte immer, das seien Selbstverständlichkeiten... Darüber habe ich heute Abend beim Sport mit Sophie gesprochen. Gefragt, ob das okay sei, wenn ich diese Erkenntnis zu meiner Philosophie erkläre. Sie meinte »alles wunderbar«. Sophie arbeitet in einer Werbeagentur und kennt sich mit solchen Dingen aus. Sie hat mir vorhin auch gleich noch die Nummer eines Fotografen gemalt, der zu fairen Preisen

tolle Porträtfotos macht, die ganz anders sind als das Übliche. Ich muss mir merken, mutiger im Bekanntenkreis um Hilfe zu bitten. Das ist leichter, als ich dachte«.

Sie sehen, ein bisschen Selbstcoaching lässt sich im Portfolio auch betreiben. Ob Sie dafür eine schöne Kladde benutzen oder einen Spiralblock, bunte Stifte oder ganz einfach einen weiteren Ordner auf Ihrem PC – wichtig ist, dass Sie sich damit identifizieren und motivieren können. Motivation ist das Zauberwort im Zusammenhang mit dieser Methode. Bitte probieren Sie es eine Weile aus – Sie werden merken, dass Sie nicht nur mit dem Text, sondern auch mit sich selbst reflektierter umgehen werden.

Schreib(zeit)training

Wer ständig mit seiner Schreibzeit im Clinch liegt, weil er fürchtet, keine Zeit dafür zu haben, kann das Textportfolio zusätzlich als Trainingsbuch auf dem Weg zur optimalen Schreibstrecke verwenden. Reservieren Sie sich am besten täglich eine bestimmte Zeit für Ihr Projekt – zu Beginn ganz bescheidene 30 Minuten. Vereinbaren Sie mit sich selbst, in dieser Zeit weder auf E-Mails, Anrufe oder SMS zu reagieren.

Blockieren Sie am besten alles, was Sie stören könnte. Zur Belohnung und als Ansporn halten Sie anschließend kurz fest, was Sie in dieser Zeit alles geschafft haben – auch Kleinigkeiten. Am folgenden Tag erhöhen Sie Ihre Schreibzeit um fünf Minuten, am darauffolgenden um zehn Minuten – so lange, bis Sie ein Minimum von einer Stunde erreicht haben. Dann erst nehmen Sie die nächste Stunde in Angriff – Sie werden sehen, ganz mutig setzen Sie Ihre Schreibzeit immer weiter hoch. Wie beim Joggen ist es ein großartiges Gefühl täglich zu erleben, wie sich die Schreibfitness erhöht!

Selbstmotivation vom Feinsten!

Sollten Sie auf dem Weg zum Ziel irgendwann ins Stocken geraten, hilft es nachlesen zu können, dass es Ihnen auch schon vorher einmal gelungen ist, eine Talsohle zu überwinden. Da Ihnen nicht täglich jemand zuruft »Du schaffst das, Du hast es schon immer geschafft!«, machen Sie es in Ihrem Textportfolio selbst!

Sie werden sehen, der nächste »Berg« lässt sich so viel leichtfüßiger nehmen.

Auch Selbsterkenntnis kann beruhigend sein

In unseren Schreibkursen haben wir oft die Erfahrung gemacht, wie unterschiedlich schreibende Menschen an ihre Arbeit herangehen. Tipps und Tricks helfen, die Arbeit effektiver zu gestalten, doch grundsätzlich ist es wichtig, mit den Methoden zu arbeiten, die zu einem passen. Sie werden während der Arbeit mit unserem Buch wahrscheinlich merken, dass manche Aufgaben Ihnen mehr, andere weniger liegen. Das hat etwas damit zu tun, welcher Schreibtyp Sie sind. Sich darüber im Klaren zu sein, wird Ihnen zu mehr Sicherheit verhelfen. Wie effektiv und erfolgreich Sie beim Verfassen Ihrer Texte sind, steht und fällt immer auch ein Stück weit mit der Meinung, die Sie von sich selbst haben. Will heißen: wer mit seiner Art zu schreiben zaudert, hält sich unnötig auf. Und Zeit haben wir alle zu wenig.

Es gibt viele Wege, die zum Ziel führen – auch beim Schreiben. Daher werden Sie auch nicht alle Übungen gleichermaßen ansprechen, die wir in diesem Buch präsentieren. Vielleicht fällt Ihnen die Auswahl spontan leichter, wenn Sie eine Idee haben, welcher Schreibtyp Sie sind.

1.2   Die Schreibtypen

Der Autor und Germanistikprofessor Hanspeter Ortner hat das Schreibverhalten bekannter Autoren aus unterschiedlichen Epochen untersucht und dabei verschiedene Schreibstrategien ausfindig gemacht, die nicht nur bei Literaten anzutreffen sind. Deren klangvolle Namen wollen wir Ihnen an dieser Stelle nicht vorenthalten, damit Sie sehen, dass Sie sich immer in guter Gesellschaft befinden. »Richtig« oder »Falsch« gibt es beim Schreiben nämlich nicht! Wie ökonomisch die eine oder andere Vorgehensweise ist, sei dahingestellt – wir vermuten, mit einem Textportfolio hätte sich der eine oder andere »chaotische« Autor viel Arbeit ersparen können.

1. Der »Aus-dem-Bauch-heraus-Schreiber«:
   Dieser Schreibtyp folgt dem »Flow« ohne groß darüber nachzudenken. Er folgt zunächst seinen Ideen, ohne sie zu strukturieren. Paul Nizon oder André Breton, der »Vater« des Assoziativen Schreibens, sind im weitesten Sinne Vertreter dieses Typs. Peter Elbow wird das Freewriting zugeschrieben, eine Methode, die wir später noch erklären.

Geht es Ihnen manchmal so, dass Sie beim Schreiben einer Mail oder eines Textes »vom Hölzchen aufs Stöckchen« kommen, wie die Rheinländer zu sagen pflegen? Dann könnten Sie diesem Typ entsprechen. Freuen Sie sich, Sie haben ganz schnell viel Material zusammen. Sie müssen sich nach dem Herunterschreiben nur noch motivieren, die wichtigsten Punkte heraus zu kristallisieren und sie der Wichtigkeit nach zu ordnen. Sie werden bestimmt von jenen Übungen profitieren, bei denen es um die Verdichtung und Ordnung von Informationen geht.

2. Der Eintextschreiber

   Zu einer vergleichsweise vagen Idee wird ein Text verfasst. Im Unterschied zu Typ1 kommt dieser Autor immer wieder auf das eigentliche Thema oder seine Leitidee zurück. Martin Walser und Siegfried Lenz schrieben Ihre Bücher auf diese Weise.

   Sie wissen beim Schreiben genau, worauf Sie hinaus wollen? Das ist eine gute Voraussetzung! Wenn Sie Ihre Themen nach Wichtigkeit sortieren, werden Sie schnell ans Ziel geraten.

3. Der »Mehrversionenschreiber und der Mehrversionen-Neuschreiber«

   Vertreter dieses Typs schreiben mehrere Versionen zu einer Idee. Neue Ideen entstehen während des Schreibens und werden in den vorhandenen Text integriert. Beim Schreiben nähert sich der Autor immer mehr seinem Schreibziel an. Jede Version schreibt er schnell und ohne konzeptionelle Veränderungen. Dürrenmatt, Böll oder Chandler schrieben nach dieser Strategie.

   Erkennen Sie sich wieder? Geraten Sie manchmal ins Grübeln, welche Textversion die bessere ist? Haben Sie nach Fertigstellung des Textes manchmal Zweifel, ob er nicht vorher schon einmal besser klang? Keine Sorge, damit sind Sie nicht allein! Wenn Sie sich angewöhnen, die einzelnen Textversionen jeweils zu speichern und sie am Ende noch einmal miteinander zu vergleichen, werden Sie sich künftig sicherer fühlen. Das dauert vielleicht eine Idee länger, lässt sich durch konsequente Arbeitsplanung (Puffer einbauen!) aber gut in den Griff bekommen.

4. Der Typ des »Versionenredigierers«, der »Nicht-linear-Neuschreiber«

   Autoren, die eine solche Schreibstrategie verfolgen, entwickeln ihren Text durch viele Korrekturen. Der endgültige Text entsteht aus vielen Überarbeitungen der ersten Idee. Prominente Vertreter dieses Typs sind Balzac, Huxley, Karl Kraus, Wohmann.

Auch Jutta Michaud ist so eine Versionenredigiererin. Sie schwört darauf, längere Texte mindestens drei Tage schmoren zu lassen und täglich zu schauen, wie sie wirken. Kleine Änderungen fügt sie bei jedem
Lesen ein – ganz einfach, weil das Thema umso klarer wird, je länger
sie sich damit beschäftigt. Deshalb schwört sie mindestens ebenso auf
realistische Arbeitspläne, die sie konsequent einhält. Ihr Credo: zwischen Abgabetermin und letztendlicher Fertigstellung eines Textauftra-
ges sollten mindestens noch zwei Tage liegen. Dieser Puffer ist nicht
für weitere Textänderungen, sondern für unerwartete Ereignisse wie
Krankheiten oder Notfälle aller Art gedacht. »Aufschieberitis« sollten
Sie unbedingt vermeiden, wenn Sie sich in der Beschreibung des »Versionenredigierers« wiederfinden!«

5. Der Planer
   Vor dem Schreiben erstellt er oder sie einen schriftlichen Plan. Die Text-
   produktion vollzieht sich in zwei Phasen: der Planung und der Ausfüh-
   rung. Andersch und Zuckmayer waren typische Planer.

   Als Planer haben Sie eine günstige Ausgangsposition: Steht der Plan,
   ist die meiste Arbeit bereits getan. Für Ihre Zeitplanung ist es dennoch
   wichtig, für die erste Phase genügend Pufferzeiten einzuplanen. Denn
   kreative Ideen brauchen Entwicklungs- und »Garzeit«.

6. Der »Im-Kopf-Ausarbeiter«
   Vor Beginn des Schreibens entwickelt dieser Mensch seinen Text
   zunächst denkend. Er formuliert ganze Passagen und schreibt sie erst
   später auf. Vertreter dieses Typus sind z.B. Autoren wie Handke, Hesse,
   Rousseau, Walraff, Baudelaire).

   Sind Sie ein »Im-Kopf-Ausarbeiter«? Dann ist es wichtig, ungestörte
   Arbeitsphasen einzuplanen, in denen Sie nicht vom Thema abgelenkt
   werden können. Bitte unbedingt das Telefon auf stumm schalten und
   keine E-Mails anschauen!

7. Der »Schritt-für-Schritt-Schreiber«
   Orientieren-recherchieren-strukturieren-gliedern-formulieren-editie-
   ren-redigieren- wer so vorgeht, folgt den Ratgebern für effektives
   Schreiben. Allerdings hat Ortner keine Autoren gefunden, die auf diese
   Weise schreiben oder schrieben!

   Wenn Sie diesem Ideal entsprechen: Herzlichen Glückwunsch! Eigentlich sollte nichts schief gehen können...

8. Der »unsystematische Schreiber«
Wer so schreibt, zerlegt seine Arbeit in viele kleine Schritte, die keiner erkennbaren Logik folgen. Die Autoren schreiben mal nach dieser oder jener Methode. Manchmal bestehen auch die fertigen Texte aus Fragmenten, die nebeneinander stehen. Bachmann, Döblin, Böll und Thomas Mann sind z.B. Vertreter dieses Typus.

Schreiben fällt Ihnen wahrscheinlich erst einmal nicht so leicht. Wir empfehlen Ihnen auszuprobieren, ob Sie mit einer der anderen Strategien vielleicht besser zurecht kommen. Nutzen Sie bitte Ihr Textportfolio, um die Erfahrungen und Ihre Gefühle festzuhalten. Wenn Sie eine Methode gefunden haben, mit der Sie besser zurecht kommen, dann bleiben Sie konsequent dabei. Nach etwas Übung wird Ihnen das Schreiben mehr Spaß machen als je zuvor.

9. Der »Textteilschreiber«
Es werden zunächst einzelne Szenen oder Kapitel geschrieben, der Handlungsrahmen entsteht erst am Ende. Dürrenmatt und Kafka schrieben ihre Texte auf diese Weise.

Für die Arbeit mit diesem Buch empfehlen wir Ihnen, zuerst die Übungen auszuprobieren, die Sie am meisten ansprechen. Das motiviert und Sie werden schneller zu Ergebnissen kommen, wenn Sie sich auf Ihre Art »warmgeschrieben« haben. Nur Mut. Viele Wege führen zum Ziel!

10. Der »Produktzusammensetzer«
Viele Kleintexte umschreiben ein Thema, dem sich die Autoren mit verschiedenen Methoden annähern. Oft entsteht am Ende kein zusammenhängender Text, auch wenn es eigentlich geplant war.

Wittgenstein oder Lichtenberg werden von Ortner als Beispiel genannt.

Den »Produktzusammensetzern« unter Ihnen empfehlen wir das Gleiche wie den »unsystematischen Schreibern«. Literatur kann manchmal auf diesem Wege entstehen, aber wenn Sie gute PR-Arbeit machen möchten, sind die anderen Methoden zielführender. Nur Mut. Sie werden bestimmt etwas Passendes finden!

Übrigens verhält es sich damit wie mit den Psychotests in Zeitschriften: den reinen Typus gibt es selten, aber zur Orientierung ist es hilfreich, sich selbst zu erkennen.

Kapitel 2

Das kleine Einmaleins der Unternehmenskommunikation

In diesem Kapitel beschäftigen Sie sich intensiv mit Ihrem Unternehmen, Ihren unternehmerischen Zielen, Visionen und Dienstleistungen/Produkten. Anschließend finden Sie Antworten auf die Frage, wie Sie diese Ihren Zielgruppen sympathisch präsentieren. Viele kleine Übungen werden Sie dabei unterstützen, die Einzigartigkeit Ihrer Leistungen auf den Punkt zu bringen und dabei den richtigen Ton zu finden. Am Ende haben Sie den ersten Meilenstein Ihrer PR-Arbeit erreicht: Die wichtigsten Texte für Ihre Website werden vorliegen.

2.1   Wie man einen Anfang findet

Es mag wie eine Binsenwahrheit klingen, doch es stimmt: Am besten, Sie legen einfach los. Zum Beispiel mit einer kleinen Übung, in der es darum geht, in wenigen Worten zu beschreiben, was Ihr Unternehmen von anderen unterscheidet oder warum man Ihr Produkt oder Ihre Dienstleistung einer anderen vorziehen sollte. Bei den ersten Schritten hilft Ihnen die folgende Übung:

Übung 1: Freewriting

Erinnern Sie sich an Peter Elbow, den »Aus-dem-Bauch-heraus-Schreiber« oder Typ Nr. 1? Er hat seinen Studenten das Freewriting nahe gebracht. Seine Methode bitten wir Sie hier zu testen. Auch wenn Sie sich nicht mit diesem Schreibtypen identifizieren, ist diese Methode immer dann hilfreich, wenn es darum geht, seinen »Schreibflow« zu finden und damit brauchbare Ideen oder ganze Passagen aus dem Unterbewusstsein zu »fischen«. Denn dort ist alles schon vorhanden, was Sie für Ihren Text benötigen.

Bitte stellen Sie den Wecker oder den Timer Ihres Handys auf zehn bis fünfzehn Minuten und beginnen Sie ohne Rücksicht auf Stil, Orthografie, oder Struktur alles niederzuschreiben, was Ihnen zu Ihrem Unternehmen einfällt. Setzen Sie den Stift nicht vor Ablauf der Zeit ab. Wenn Ihnen zwischendurch nichts einfällt, schreiben Sie »mir fällt nichts ein«. Nach einigen Sätzen werden die Ideen wieder automatisch fließen. Wenn die Zeit abgelaufen ist, setzen Sie den Stift ab. Unser Gehirn liebt Zeitvorgaben, es braucht einen Grund um effektiv zu arbeiten. In der Praxis hat sich eine Zeitvorgabe von sieben bis zehn Minuten bewährt, beim ersten Versuch darf es aber auch ruhig ein bisschen mehr sein. Lesen Sie Ihren Text und unterstreichen Sie die wichtigsten Aspekte. Falls Ihnen dabei weitere einfallen, fügen Sie diese hinzu.

Beispiel Freewriting: Die erste Idee zu diesem Buch

Hier lesen Sie das Freewriting, mit dem wir in die Planung des vorliegenden Buches eingestiegen sind:

»Wir schreiben einen ungewöhnlichen PR-Ratgeber, einen, den es noch nie gegeben hat: Wir begeistern PR-Anfänger und Menschen, die aus Kostengründen dazu »verdonnert« wurden, diesen Job zu tun statt eine Profi-Agentur dranzusetzen. Wir möchten unsere Leserinnen und Lesern mit der Erfahrung überraschen, mittels der Methoden des Kreativen Schreibens auf unbewusste Quellen ihrer Kreativität zu stoßen und erreichen, dass sie ihre Aufgabe nicht länger als Last, sondern als Lust empfinden – ganz einfach, weil Kreatives Schreiben beflügelt und bislang ungenutzte Hirnareale zum Schwingen bringt«.

Was vielleicht noch wichtiger ist als der Moment des Lustgewinns: Sie nehmen etwas für Ihr Leben mit. Denn erstens lernen Sie die Techniken, mit denen Sie künftig erfolgreich die PR-Hürden im Beruf nehmen, und zweitens ist die Kunst, kreativ zu schreiben ein Weg in die Kreativität generell. Und Kreativität hilft Ihnen beim Bewältigen vieler Probleme – auch der im Privatleben!

2.1.1 Fahrstuhl zum Text

In der nächsten Übung geht es darum, das, was Sie beim Freewriting formuliert haben, zu verdichten und präzisieren. Dabei hilft Ihnen die Elevator-Übung.

Übung 2: Der Elevator-Pitch

Stellen Sie sich vor, Sie befinden sich in einem Fahrstuhl und haben nur bis zum nächsten Stopp Zeit, um eine wichtige Person – sagen wir einen potenziellen Geldgeber – von Ihren Ideen zu überzeugen. Mehr als zehn Sätze sind in dieser Zeit nicht drin und schnelles Sprechen zählt nicht! Bitte stellen Sie Ihren Wecker oder den Timer Ihres Smartphones auf zwei Minuten (Fahrstühle sind schnell!) und notieren Sie, was Sie in einem solchen Moment sagen würden.

Gar nicht so einfach, nicht wahr? Seien Sie nicht enttäuscht, wenn es nicht sofort geklappt hat. Niemand erwartet von Ihnen, dass Sie unvorbereitet eine perfekte Formulierung in Petto haben. Doch wenn es erforderlich ist, sollten Sie präpariert sein. Wir kommen darauf noch später zu sprechen, aber der Vollständigkeit halber sei es schon hier erwähnt: Eine Kurzdarstellung Ihres Unternehmens und seiner Aktivitäten gehört in jede Pressemitteilung und sollte Bestandteil eines jeden Unternehmensauftrittes sein. Also ist es auch ohne »echten« Elevator-Pitch sinnvoll, sich in einer solchen Formulierung zu üben, denn es ist gar nicht so einfach, einen Inhalt kurz und präzise zu formulieren. Wolfgang von Goethe wird folgendes Bonmot zugeschrieben: »Hätte ich mehr Zeit gehabt, hätte ich statt eines Briefes eine Postkarte geschrieben«.

2.1.2   Bereiten Sie sich mit der Beantwortung von W-Fragen auf Ihre Aufgabe vor

So simpel sie sind, die W-Fragen sind kommunikative Basics für alle PR-Materialien und Darstellungen. So banal sie auch klingen mögen, sie dürfen auf keinen Fall fehlen oder unterschätzt werden: Wer, was, wo, warum, mit wem, mit welchem Ziel, mit welcher Philosophie etc. Fragen Sie! Formulieren Sie ganze Sätze – vielleicht stoßen Sie dabei auf Antworten, die Ihnen sonst nicht eingefallen wären. Zum Beispiel: »Warum habe ich mein Unternehmen gegründet?« Hinter dieser einfachen W-Frage kann manchmal eine komplette Geschichte stecken.

Etwa der Entstehungsmythos Ihres Unternehmens. Erfolgreiche Unternehmen oder Institutionen, sogar erfolgreiche Produkte haben fast immer einen Entstehungsmythos. Ob Apple, Greenpeace oder die gute alte Currywurst – dahinter stecken Geschichten, die immer wieder gerne gehört und erzählt werden. Ihrer Zielgruppe dienen sie als Anker, der Interesse, im besten Falle sogar Verbundenheit mit Ihrem Unternehmen sicherstellt. Ausführlich werden wir uns damit noch einmal im Kapitel »Pressearbeit« auseinandersetzen, wenn Sie eine Signature-Story für Ihr Unternehmen entwickeln werden.

Übung 3: Warum?

Schlüpfen Sie in die Rolle eines dreijährigen Kindes und fragen Sie »warum«? »Warum wurde Ihr Unternehmen gegründet?«. Fragen Sie nach jeder Antwort wieder »warum?« – so lange, bis Sie anfangen, sich mit Ihren Antworten im Kreis zu drehen. Dann haben Sie garantiert schon ein paar brauchbare Ansatzpunkte für Ihre Arbeit gefunden.

Bitte nehmen Sie sich erneut ein wenig Zeit, um Ihre Unternehmenstätigkeit noch treffender auf den Punkt bringen. Die folgende Übung wird Sie dabei unterstützen:

Übung 4: 3 x 7 Mini-Schreibmarathon

Nun verkürzen Sie Ihre Schreibzeit auf genau sieben Minuten und wiederholen Sie Ihr Freewriting. Berücksichtigen Sie diesmal die Hierarchie der unterschiedlichen Aspekte, indem Sie die wichtigsten nach vorne stellen. Dann integrieren Sie Gedanken aus dem Elevator-Pitch und der »Warum-Übung«. Versuchen Sie danach, den Text zu kürzen. Schauen Sie das Ergebnis an und prüfen Sie, ob alle wichtigen Gedanken enthalten sind. Zusätzliche Ideen bauen Sie wieder in den Text ein. Anschließend nehmen Sie sich erneut sieben Minuten und verknappen den Text nach dem gleichen Muster weiter. Nach dem dritten Durchgang sollten drei Sätze genügen, um Ihre Unternehmenstätigkeit prägnant zu beschreiben.

Falls Ihr erster Text sehr umfangreich ausgefallen ist, können Sie zusätzliche Zwischenschritte einfügen, z.B. zuerst auf zehn Sätze reduzieren und langsam nach unten verengen. Wenn es Ihnen damit besser geht und Sie nicht unter Zeitdruck stehen, können Sie Ihren Text auch ein bis zwei Tage liegen lassen und anschließend erneut bearbeiten. Je nachdem, welcher Schreibtyp Sie sind, erzielen Sie schnellere und bessere Ergebnisse, wenn Sie Ihren Arbeitsstil bei der Arbeit berücksichtigen. Apropos: Haben Sie es bemerkt? Wir haben in dieser Übung die Strategie des Mehrversionen-Neuschreibers eingebaut. Bitte notieren Sie in Ihrem Textportfolio, wie die bislang getesteten Methoden auf Sie wirken.

Sind Sie zufrieden mit Ihrem Ergebnis? Wenn ja, prüfen Sie bitte, ob alle wesentlichen Informationen auch in wenigen Worten enthalten und verständlich sind. Am besten testen Sie Ihre Formulierungen an jemandem, der nicht so tief im Detail steckt wie Sie. Am Partner oder der Partnerin, einem Freund, Ihrem Personaltrainer. In großen Agenturen gibt es für dieses einfache Vorgehen sogar einen Begriff: dort nennt man es den »Putzfrauentest«.

Folgende Kurzbeschreibung eines Unternehmens aus der Immobilienbranche könnte Ihnen als Muster für eine knappe Formulierung dienen:

»Concept Bau Premier plant, entwickelt, baut und vertreibt exklusive Eigentumswohnungen und Häuser in den besten Lagen deutscher Großstädte. Das Unternehmen steht für eine unverwechselbare, vielfältige Architektur mit hochwertiger Bauausführung und intensiver Kundenbetreuung. Service und individuelle Gestaltungsmöglichkeiten sind Eckpfeiler der Unternehmensphilosophie«.

Hier bleiben keine W-Fragen offen:

Wer? Das Unternehmen CBP.

Was? Plant, entwickelt, baut, vertreibt exklusive Eigentumswohnungen und Häuser.

Wo? In den besten Lagen deutscher Großstädte.

Wodurch unterscheidet sich das Unternehmen von anderen **(USP)**? Durch unverwechselbare, vielfältige Architektur mit hochwertiger Bauausführung und intensiver Kundenbetreuung, Service und individuelle Gestaltungsmöglichkeiten.

Da gerade die letztgenannten Aspekte nicht selbstverständlich für die Immobilienbranche sind (üblich ist selbst im Premiumbereich eine begrenzte Bandbreite an Ausstattungsvarianten), lässt sich daraus ableiten, **für wen** das Unternehmen baut, nämlich für eine anspruchsvolle, urbane und zahlungskräftige Zielgruppe.

Wir halten diese Darstellung für gelungen, weil sie aussagefähige Informationen enthält, die unterschiedlichen Zielgruppen Anreize für tiefer gehende Recherchen bietet: potenzielle Kunden, mögliche Kooperationspartner oder Journalisten können sich ein erstes Bild vom Unternehmen machen.

2.2 Sie haben Ihren USP noch nicht erkannt?

Was tun, wenn Sie den Tätigkeitsschwerpunkt Ihres Unternehmens zwar präzisieren konnten, aber immer noch das Gefühl haben, den USP (Unique Selling Purpose) Ihres Unternehmens nicht zu kennen?

Keine Panik, das kann vorkommen. Besonders leicht geschieht das im Dienstleistungsbereich, wo häufig viele exzellente und qualifizierte Dienstleister um die gleiche Zielgruppe werben. Nicht verzagen! Irgendwo gibt es ganz sicher einen Aspekt, einen wesentlichen Unterschied, mit dem Sie punkten können. Um diesen kleinen Unterschied zu finden, können Sie mit einer simplen, aber wirkungsvollen Methode arbeiten, dem seriellen Schreiben.

2.2.1 Serielles Schreiben

Übung 5: Serielles Schreiben

Im Grunde funktioniert das Serielle Schreiben wie eine Einkaufsliste. Mit dem Unterschied, dass Sie den Eingangssatz immer wieder niederschreiben, um sich selbst zu fokussieren. Jede Zeile beginnt zum Beispiel mit den Worten »Mein Unternehmen ist gut darin...«. Oder wenn Sie Freiberufler sind »Ich bin gut darin...«. Loben Sie sich oder Ihr Unternehmen! Hemmungslos und ohne den Stift abzusetzen.

Bei dieser Methode profitieren Sie davon, dass die Schreibhand mit Ihren Gedanken Schritt halten kann und das Gehirn blitzschnell neue Ideen generiert, während Sie notieren. Dabei spielt die körperliche Verbindung zwischen Gehirn und Hand eine wesentliche Rolle. Sie ist viel unmittelbarer, als würde eine Tastatur dazwischen geschaltet, haptischer, sinnlicher. Beim Kreativen Schreiben mit der Hand werden die besten Ergebnisse erzielt, wenn möglichst viele Sinneseindrücke integriert werden. Schreiben Sie also. Zeile für Zeile. Sie werden sehen, ebenso wie beim Schreiben einer Einkaufsliste kommt Punkt für Punkt hinzu, einfach weil Sie schreiben.

Zum Schluss noch ein Beispiel für ein Unternehmen, das über seinen USP eine ganz klare Zielgruppendefinition gefunden hat. Sie kennen es bestimmt: The Body Shop, das Unternehmen der Engländerin Anita Roddick, die in den 80er Jahren als erste Unternehmerin Kosmetikprodukte produzieren ließ, die Dank überwiegend natürlicher Inhaltsstoffe ohne eine Testphase mit Tierversuchen auskamen. Tierfreunde in ganz Europa waren begeistert und The Body Shop entwickelte sich in kurzer Zeit zu einem Erfolgsunternehmen. »Tierfreundlich und natürlich« ist der USP bis heute. In einer Zeit, da diese ethischen Aspekte beim Umgang mit Tieren und nachhaltige Produktionsweisen immer mehr Konsumenten wichtig sind, wird dieser Ansatz vermutlich noch lange für stabile Verkaufszahlen sorgen.

Tipp

Wenn Sie Ihren USP erkannt haben, machen Sie einen prägnanten Satz daraus und lassen Sie ihn erscheinen, wo immer Ihr Unternehmen sichtbar wird: Auf der Website, auf Pressemitteilungen, auf Werbemitteln.

2.2.2 Googeln Sie!

Brauchen Sie eine »Rückversicherung« um zu klären, ob Sie auf dem richtigen Weg sind? Oder eine noch klarere Vorstellung von Ihrer Zielgruppe? Dann googeln Sie.

Schauen Sie, wie sich Unternehmen mit einem ähnlichen Profil und einem ähnlichen Angebot im Internet darstellen. Mit welchen Aussagen und mit welchem Vokabular werben sie um die Gunst ihrer Zielgruppen? Sind es die gleichen Zielgruppen, die Ihr Unternehmen bewirbt, oder gibt es Unterschiede? Falls es Unterschiede geben sollte, halten Sie diese schriftlich fest. Notieren Sie auch den erklärten USP Ihrer Wettbewerber, denn davon möchten Sie sich später abheben. Wenn Sie den nächsten Schritt gehen, wird es nicht nur wichtig sein, möglichst im Detail zu wissen, worin man sich von den Wettbewerbern unterscheidet, sondern auch zu wissen, welche Besonderheiten Ihre Zielgruppe auszeichnen. Üben Sie sich auch beim Googeln in der Kunst der Beantwortung von W-Fragen – es sind die gleichen Fragen, die Journalisten an Ihr Unternehmen stellen werden.

Übrigens: Es ist sinnvoll, Ihre Fundstücke und Ideen im Textportfolio festzuhalten – vielleicht können Sie den einen oder anderen Gedanken bei den späteren Aufgaben noch einmal gebrauchen.

2.3 Ihre Zielgruppen – unbekannte Wesen?

Sie sind beim Googeln auf ganz unterschiedliche Zielgruppen und Zielgruppenansprachen gestoßen und sind sich nicht sicher, was zu Ihrem Unternehmen oder Ihrem Angebot passt?

Oder umgekehrt, Sie stellen fest, dass Ihre Wettbewerber um die Gunst der gleichen Zielgruppe werben? Beides kommt vor, denn es ist nicht immer ganz einfach, die Bedürfnisse einer Zielgruppe detailgenau zu erfassen. »Harte Fakten« wie Bildungsstand, Einkommen und Wohngegend, die aus Marketingsicht strategisch von Bedeutung sind, lassen sich bei entsprechenden Diensten ankaufen. Doch wenn es um die Kommunikation geht, sind die »weichen Faktoren« mindestens ebenso bedeutsam. Meistens muss man dabei mit Annahmen arbeiten, weil auch die Möglichkeit zum Ankauf von Studien durch finanzielle Erwägungen begrenzt ist. Aber es gibt auch jenseits aufwändiger und kostenintensiver Studien Möglichkeiten, Ihre Annahmen wenigstens ansatzweise zu verifizieren.

Eine sinnvolle Methode, die Sie bestimmt aus dem Alltag kennen, ist es, einen Perspektivwechsel vorzunehmen und sich in die Position Ihrer Zielgruppen hineinzuversetzen. Die Informationen, die Sie im Rahmen Ihrer Internetrecherche bereits gesammelt haben, können Sie in diese Aufgabe einfließen lassen – auch dann, wenn es sich um Vermutungen handelt. Zu diesem Zweck möchten wir Sie mit einer weiteren Methode des Kreativen Schreibens bekannt machen, dem Clustern:

Übung 6: Clustern

Diese einfache, aber höchst effektive Methode geht auf eine Wissenschaftlerin namens Gabriele Rico zurück, die damit einen Weg fand, die Potenziale von rechter und linker Gehirnhälfte optimal miteinander zu vernetzen. Während Sie scheinbar ungeordnet Ideen sammeln, entsteht auf Ihrem Papier ganz automatisch eine Struktur der inhaltlichen Zusammenhänge.

Wie Sie beim Clustern vorgehen? Dazu schreiben Sie in die Mitte eines Blattes ein Kennwort, beispielsweise den Kern Ihrer unternehmerischen Aktivitäten und umrahmen es mit einem viereckigen Kasten. Wenn nötig, dürfen es an dieser Stelle – wie in unserem Beispiel – auch einmal drei Worte sein.

Wenn Ihr Unternehmen beispielsweise Heimtierzubehör im Internet anbietet, steht dies in einem viereckigen Kästchen in der Mitte Ihres Blattes. Gruppieren Sie nun um dieses Kästchen herum Kreise, in denen immer nur ein, maximal zwei Begriffe stehen, die mit dem Angebot in Zusammenhang stehen.

Schreiben Sie unzensiert auf, was Ihnen einfällt, halten Sie sich nicht zurück, denken Sie nicht weiter darüber nach. Folgen Sie nur der einfachen Regel, nur ein bis zwei Worte pro Kreis zu schreiben. Durch die »Kooperation« Ihrer Gehirnhälften werden Begriffe, die miteinander in Verbindung stehen, ganz automatisch von Ihrer Schreibhand an einer Stelle platziert, die eine Verbindung deutlich macht. Sie müssen nicht darüber nachdenken, das geschieht ganz von selbst. Hören Sie erst dann auf zu notieren, wenn Sie bemerken, dass Sie ganze Sätze schreiben möchten. Das ist der Augenblick, in dem Ihre Gedanken anfangen, »weitere Kreise« zu ziehen. Vielleicht sieht Ihre Sammlung so ähnlich aus wie auf Seite 35.

Wie Sie sehen, stehen plötzlich nicht nur Produkte auf dem Blatt, sondern auch Nutzen, die Ihre Kunden haben, wenn sie ihren Heimtierbedarf über das Internet decken. Möglicherweise haben Sie auch neue Ideen gefunden, wer Ihre Kunden sind, oder wie Sie diese ansprechen können. Auf unserer Beispielgrafik ist unschwer zu erkennen, dass ein Schwerpunkt im Produktbereich »Hund« liegt. Hätten Sie das Cluster entworfen, um sich darüber klar zu werden, wie Sie sich positionieren möchten, könnten Sie davon ausgehend prüfen, ob Ihr Unternehmen zu einem Spezialvertrieb für Hundezubehör ausgebaut werden sollte. Die Anzahl der Kästchen in diesem Bereich legt nahe, dass dort die größte Expertise »schlummert«.

Ist Ihnen aufgefallen, dass man dies so schnell realisieren kann, weil die einzelnen Ideen gemäß ihrer Zugehörigkeit nach dem Clustern farblich zugeordnet wurden? Das raten wir Ihnen bei Ihrem Cluster auch. Diese farbenfrohe Methode macht nicht nur Spaß, sondern sie erleichtert es, Ergebnisse auf einen Blick zu entdecken, bzw. Anstöße zum Weiterdenken zu finden.

Zum Weiterarbeiten legen Sie nun bitte ein weiteres Blatt an, auf dem Ihre Kunden im Mittelpunkt stehen. Notieren Sie alles, wovon Sie vermuten, was Ihre Kunden wünschen und was Ihr Unternehmen tun kann, um diese Wünsche zu erfüllen.

2.3.1   Die Sprache der Zielgruppe finden

Nicht immer ist es so einfach wie im Heimtierbeispiel, Nutzen und Bedürfnisse zu erkennen. Daher kann es sich auch lohnen, noch einmal einen
Schritt zurück zu gehen und zu clustern, was man eigentlich über die Zielgruppe an sich weiß oder vermutet. Dann wäre der nächste Schritt zu prüfen, ob die Annahmen in die richtige Richtung gehen. Ganz genau kann
man das natürlich nie wissen, doch eine Tendenz lässt sich immer ausma-
chen. Schauen Sie in Internetforen, die von Ihrer Zielgruppe genutzt werden. Dort erfahren Sie nicht nur, welche Fragen die Zielgruppe bewegen,
sondern auch gleich etwas über die Sprache, in der sie miteinander kommunizieren. Wenn Sie zum Beispiel schon wissen, dass Sie mit Ihrer Unternehmenswebsite überwiegend Endkunden (und nicht etwa Ihre Zulieferer
oder mögliche Kooperationspartner – wie in der Autoindustrie oder bei
Lieferanten mechanischer Kleinteile) ansprechen wollen, sind das wichtige
Informationen, die Sie später für die Kommunikation mit der Zielgruppe
nutzen können. Vielleicht erhalten Sie dabei bereits Aufschlüsse über Themen, die einen Newsletter interessant machen könnten.

2.4   Schlagwortliste anlegen

Legen Sie sich in Ihrem Portfolio eine Liste mit Schlagworten oder Begriffen
fen an, die in Ihrer Selbstdarstellung auf keinen Fall fehlen sollten. In jeder
Branche gibt es bestimmte Begriffe, die mit Produkten oder Serviceleistungen verknüpft sind. Im Internethandel ist so ein Begriff z.B. »Rückgabe-
recht«, als Personaltrainer sollten Sie »zertifiziert« sein oder eine »B-Lizenz«
haben, im Bildungsbereich (z.B. wenn man Lerntherapie anbietet) sollte
der Begriff »Resilienz« genannt werden. Manche Begriffe mögen Ihnen
selbstverständlich vorkommen, aber ihre Verwendung trägt dazu bei, dass
man Sie als kompetent in Ihrem Fachgebiet wahrnimmt.

Dazu können Sie die eingangs erwähnten linken Seiten Ihres Portfolios
nutzen und die Begriffe mit einem farbigen Stift notieren.

Gleichen Sie diese mit den Unternehmensdarstellungen Ihrer Wettbewerber ab. Bedenken Sie: unterschiedliche Zielgruppen nutzen unterschiedliche Jargons. Falls Sie mehrere Zielgruppen haben, dann sollten Sie Ihr Clus-

ter für jede dieser Zielgruppe wiederholen, um herauszufinden, was wichtig ist und wie die passende Ansprache aussehen könnte.

2.4.1 Foren finden

Um dichter an die Sprache und Interessen Ihrer Zielgruppe heran zu kommen, helfen wieder einmal Google und Konsorten. Yahoo oder Bing z.B. bringen manchmal Ergebnisse, die Google nicht zeigt. Geben Sie in das Suchfeld eine entsprechende Abfrage ein, z. B. »Foren für Hundefreunde« und einen Tastendruck weiter können Sie loslegen mit Ihrer Informationssammlung. Schneller geht es, wenn Sie Seiten nutzen, in denen die wichtigsten Foren zu einem Thema bereits zusammengefasst sind. Foren gibt es zu nahezu allen denkbaren Bereichen. Vielleicht entdecken Sie auf diesen Seiten auch eine bislang unbemerkte Marktnische für Ihr Angebot, denn in Foren werden auch Konsumentenwünsche geäußert!

Plagiat versus Authentizität

Für die Arbeit mit Foren und Websites gilt eine goldene Regel:

Anschauen ist gut, abschreiben ein No-Go. Dabei geht es nicht nur um urheberrechtliche Fragen, sondern vor allem um Ihre Glaubwürdigkeit. Was Ihr Unternehmen ausmacht, können Sie nur mit eigenen Worten vermitteln, auch dann, wenn andere Fischer in ganz ähnlichen (oder gar den gleichen) Teichen fischen. Finden Sie den Punkt, an dem Sie sich von den anderen unterscheiden möchten und scheuen Sie sich nicht, dabei von der Spur abzuweichen. Trauen Sie sich, ausgetretene Pfade zu verlassen, wo andere brav auf dem Weg bleiben. Definieren Sie einen Trend, wo andere auf »Nummer Sicher« gehen und bekannte Argumente liefern. Halten Sie Ausschau nach einer Nische, die Ihren Wettbewerbern bislang entgangen ist. Seien Sie mutig und vertrauen Sie der Kraft Ihrer Ideen und beschreiben Sie diese, mit den kraftvollsten Worten, die Sie finden können. Sammeln Sie Ihre Fundstücke, notieren Sie dabei auch Erkenntnisse, die auf den ersten Blick unwichtig, verrückt oder »neben der Spur« erscheinen. Wer weiß, vielleicht sind es sogar gerade diese kleinen Verrücktheiten, die Ihnen später zu einer genialen Idee verhelfen.

2.5 Meilenstein 1 ist erreicht

Herzlichen Glückwunsch!

Bis zu diesem Punkt haben Sie

‣ Ihr Unternehmen kurz und prägnant beschrieben

‣ Ihren USP formuliert

‣ Informationen zu Ihrer Zielgruppe gesammelt

‣ Freewriting, serielles Schreiben und Clustern als Basis-Methoden des Kreativen Schreibens kennengelernt, die Sie auch für alle weiteren Aufgaben immer wieder einsetzen können.

Wenn Sie sich für die Arbeit mit einem Schreibjournal entschieden haben, notieren Sie Ihr Etappenziel dort – am besten in Ihrer Lieblingsfarbe. Halten Sie kurz fest, wie Sie sich jetzt fühlen – ob Sie es glauben oder nicht: dadurch können Sie Ihr Hochgefühl verstärken!

Kapitel 3

Ihre virtuelle Visitenkarte

3.1   Die Unternehmenswebsite

Was tun Sie, wenn Sie auf der Suche nach Informationen zu einer Dienstleistung oder einem Unternehmen sind? Genau: Sie schauen, was das Internet zu bieten hat. Ohne Website geht heute nichts mehr, weder im nationalen und schon gar nicht im internationalen Wettbewerb. Wenn wir uns auf den folgenden Seiten mit Websites beschäftigen, dann lediglich unter dem Aspekt der Textgestaltung. Auf Programmierung, Layout und Suchmaschinenoptimierung (SEO) können wir an dieser Stelle leider nicht näher eingehen. Ihr Webadministrator wird Ihnen an dieser Stelle sicher weiterhelfen. Zum Thema SEO empfehlen wir übrigens die Bücher von Michael Firnkes.

Jetzt geht es also an die Textarbeit. Ehe Sie loslegen, lohnt es sich, einen Moment inne zu halten. Was macht eine gute Website für Sie aus? Was muss ein guter Webtext für Sie leisten? Bitte verwenden Sie hierzu noch einmal die Clustertechnik, die Sie im letzten Kapitel kennengelernt haben. Schauen Sie vorher bitte **nicht** auf unsere Checkliste am Ende des Kapitels, denn auch Ihre ganz individuellen Gesichtspunkte sind wichtig. Auch wenn es ein paar »Do's« gibt, die auf keinen Fall fehlen sollten, helfen individuelle Wünsche bei der Erweiterung des Blickwinkels. Als Grundregel gilt: Immer erst das eigene Wissen anzapfen, bevor Sie es mittels Recherche vertiefen.

Außerdem können Sie sich so über das Erfolgserlebnis freuen, schon vieles zu wissen und es instinktiv richtig angehen zu wollen!

Übung 7:
Cluster: Meine Ansprüche an eine gute Website

Nachdem Sie sich Ihre eigenen Ansprüche bewusst gemacht haben, bitten wir Sie, noch eine weitere Vorübung auszuprobieren. Diesmal geht es darum, sich in die Lage des Kunden oder eines Journalisten hineinzuversetzen.

Übung 8:
Perspektivwechsel: Versetzen Sie sich
in Ihre Zielgruppen

Bitte schreiben Sie auf, was Sie als Kunde oder Journalist gerne über Ihr Unternehmen wissen möchten, bzw. schon über es wissen könnten.

Bei welcher Gelegenheit ist Ihnen das Unternehmen aufgefallen?

Was hat den Ausschlag gegeben, dass Sie es näher kennenlernen möchten?

Welche Art von Unternehmensdarstellungen sind für Sie selbst interessant oder machen Sie neugierig?

Bitte bedenken Sie bei diesen Überlegungen auch, wie Sie Informationen am liebsten aufnehmen. Sind Sie der Fakten- und Zahlentyp? Brauchen Sie visuelle Unterstützung? Möchten Sie emotional angesprochen werden, d.h., spielt es für Sie eine Rolle, ob Sie ein Unternehmen sympathisch finden? Bitte versuchen Sie, auch solche Aspekte zu berücksichtigen, die für andere Menschen wichtig sein könnten.

Übung 8 a:

Vergleichen Sie Ihren Perspektivwechsel-Text mit Ihrem Cluster – haben Sie neue Ansatzpunkte entdeckt? Wenn ja, integrieren Sie diese bitte in Ihr Cluster.

Übung 8b:

Nachdem Sie sich mit Darstellung und Inhalten auseinandergesetzt haben, bitten wir Sie, ein letztes Cluster zu erstellen. Diesmal geht es um die Sprache.

Haben Sie schon einmal darüber nachgedacht, woran es liegt, ob man Texte gerne liest oder nicht? Benutzen Sie als Kennwort diesmal folgende Wortschöpfung: »Gernlestexte«. Mögen Sie lange oder kurze Sätze? Was halten Sie von Fremdwörtern? Oder vom »Nominalstil«, der Angewohnheit mancher Texter, Verben zu Substantiven zu machen? Falls Sie darüber noch nie nachgedacht haben, weil Schreiben bislang nicht Ihr Metier war, keine Panik. Dann schauen Sie sich zuerst unseren Tipp an, betrachten ein paar der Websites und machen sich Notizen zum Stil, den Sie dort vorfinden. Danach haben Sie garantiert ein paar Ideen!

Websites des Jahre anschauen

Wenn Sie auf der Suche nach Anregungen sind, lohnt es, die Seite *http:// www.websitedesjahres.de* zu besuchen. Das Hamburger Online-Markt-forschungsinstitut MetrixLab verlinkt dort auf Websites nominierter Unternehmen, Institutionen und Dienstleister, die um den Titel »Website des Jahres« wetteifern. Bewertungskriterien sind Inhalt, Navigation und Design. Sie werden dort je nach Branche sehr unterschiedliche Lösungen entdecken. Wir empfehlen zur Orientierung beispielsweise die Website der *Tafel* – auch dann, wenn Sie nicht im sozialen Bereich tätig sind. Diese Seite hat eine sehr klare Gliederung ohne »technische Sperenzchen« – wie zeitraubende Animation –, eine übersichtliche Navigation und eine sehr gute Startseite, auf der kurz und knapp dargestellt wird, was die Initiative leistet und wie man Kontakt aufnehmen kann: *http://www.tafel.de/nc/ startseite.html*. Mit guten Texten und einer übersichtlichen Navigation sind uns dort auch die folgenden Seiten aufgefallen: *http://www.urlaubs-piraten.de* und *http://www.vhs.de/de/volkshochschulen-in-berlin.html*. Vielleicht finden Sie unter den Nominierten aber auch andere Anbieter, die Ihrem Angebot/ Ihrer Unternehmenstätigkeit näher sind. Nehmen Sie sich ein wenig Surfzeit!

Auch Websites sind Moden unterworfen

Bestimmt haben Sie jetzt eine ziemlich genaue Vorstellung davon, wie eine gute Website aufgebaut sein sollte. Die wichtigsten Punkte haben wir noch einmal in einer Checkliste festgelegt, die Sie unterstützen soll, falls Sie neben der inhaltlichen Arbeit auch mit der Führung des Webdesigners betraut sind.

Übrigens: Auch Websites sind wechselnden Moden unterworfen. Das betrifft nicht nur den mehr oder weniger sparsamen Einsatz von (Mode-) Farben, sondern besonders die Navigation. Lange Zeit war es sehr verbrei-tet, die Menüführung am linken Bildrand unterzubringen und zusätzliche Informationen, wie Kontakt, Presse oder Unternehmensphilosophie hori-zontal zum zentralen Bildmotiv unterzubringen. Der Nutzer konnte sich auf diese Weise schnell einen Überblick verschaffen, und gezielt relevante Punkte ansteuern. Derzeit ist es »angesagt«, den Nutzer zum Scrollen zu animieren. Alle Texte stehen auf einer Seite und müssen nicht mehr über ein Zusatzmenü angesteuert werden. Wir meinen, das stelle nicht unbedingt eine Verbesserung dar, denn man braucht länger, um an die gewünschten Inhalte zu gelangen. Einen guten Kompromiss verfolgen Seiten, die beide Vorgehensweisen miteinander kombinieren: der User bleibt zwar auf einer einzigen Seite, kann aber über das seitliche Menü sofort zum gewünschten Thema springen.

Vielleicht ist Ihnen bei Ihren Recherchen auch aufgefallen, dass Unternehmen der Telekommunikationsbranche und der Autoindustrie derzeit dazu neigen, ihre Startseiten mit vielen Bildern zu bestücken. Mit einem kurzen Textanlauf teasern sie den eigentlichen Inhalt an, zu dem vom Bild weiter verwiesen wird. Die Seiten werden dadurch sehr unruhig, was es dem User schwer macht, sich zu auf einen Blick zu orientieren.

Jüngere Zielgruppen wird das vermutlich weniger stören als Menschen, die mit anderen Sehgewohnheiten aufgewachsen sind. Es lohnt sich also, auch darüber nachzudenken, in welcher Altersklasse Ihre Zielgruppe angesiedelt ist. Die Generation 40+ fühlt sich von dieser Bildervielfalt oft gnadenlos überfordert. Daher raten wir zu einem gemäßigten Bildeinsatz, der nicht zu Lasten der Übersichtlichkeit geht.

Eine andere Mode, nämlich der inflationäre Einsatz von Flash-Animationen (blinkende Symbole, laufende Figuren, Zusatzfenster, die aus dem Nichts auftauchen etc.), hat sich inzwischen schon wieder überlebt – weil zeitraubend und uneffektiv. In der Praxis stellte sich heraus, dass die Nutzer eher genervt auf Wartezeiten reagierten. Bedenken Sie bitte: ein Klick und ein genervter Kunde ist weg. Wir empfehlen, Websitemoden kritisch zu betrachten und sich im Zweifelsfalle immer zum Anwalt des Users zu machen.

Schnell auf den Punkt kommen

Websites funktionieren anders als Printmaterialien. Während der gute alte Prospekt zum gemütlich Durchblättern gedacht ist, orientieren sich Websites am veränderten Tempo unserer Zeit: User erwarten, alle wichtigen Informationen schnell, bequem, interessant aufbereitet und lesbar präsentiert zu bekommen. Webleser lesen nicht linear. Sie scannen innerhalb von wenigen Sekunden, ob ein Text für sie brauchbar ist oder nicht. Wenn nicht, klicken sie zum nächsten Navigationspunkt oder zur nächsten Website. Deshalb ist es im Web wichtig, direkt auf den Punkt (Nutzen!) zu kommen und erst danach Details und Hintergründe zu präsentieren. Kurze Sätze und Absätze sind Pflicht. Führen Sie in einem Absatz möglichst nur einen Gedanken aus, um die Texterfassung zu unterstützen. Füllwörter und Rückführungen stoppen den Lesefluss. Deshalb sind sie in Webtexten ein No-Go, während sie einen Printtext durchaus garnieren können. Gute Überschriften und Zwischenüberschriften sind beim Lesen von Printtexten hilfreich – für Webtexte ein Muss. Dort können auch »Keywords« zum Einsatz kommen, Begriffe, nach denen die User googeln. Last but not least spielt gutes Fotomaterial im Web eine besonders wichtige Rolle: Darauf schauen User zuerst.

Wenn Sie Dienstleistungen anbieten, bei denen User Kontakt mit Ihnen und/oder Mitarbeitern haben wird, nutzen Sie deren Neugier. Potenzielle Kunden möchten sich oft vor der Kontaktaufnahme im wörtlichen Sinne ein Bild von Ihnen machen. Auch eine gute Präsentation der Räume, in denen Sie arbeiten, ist in diesem Zusammenhang wichtig.

3.1.1 Checkliste: Kriterien für eine gute Website

- ☑ Übersichtlichkeit
- ☑ Einfache Navigation
- ☑ Treffende Keywords
- ☑ Barrierefreiheit (d.h. auch Menschen mit Handicap werden berücksichtigt – das erledigt Ihr Programmierer automatisch, wenn er qualifiziert ist. Wenn Sie aus Kostengründen »den Neffen eines Kollegen« beauftragen, dann sollten Sie unbedingt nachfragen, ob er dieses Fach beherrscht. Barrierefreiheit ist nämlich verpflichtend!
- ☑ Prägnante Texte zu Angebot/Leistungen, Service, Preisen, Unternehmensstruktur, Team, Unternehmensphilosophie
- ☑ Aussagefähige Fotos
- ☑ Presseseite mit Ansprechpartner und Informationen zum Downloaden
- ☑ Presseecho

☑ Kontaktformular

☑ Impressum mit USt-IdNr. und Haftungsausschuss für Verlinkungen auf fremde Websites und Hinweise auf die Rechte für verwendete Bilder

Beim Betrachten der Checkliste werden Sie bemerkt haben, dass es für die Presseseite noch einmal besondere Anforderungen gibt. Dieses Thema möchten wir an dieser Stelle erst einmal zurückstellen und uns vorab mit den Informationen befassen, die Sie für Ihre Hauptzielgruppe bereitstellen.

3.1.2   Jetzt geht es los: Texten für die Website

Ehe wir uns mit Ihnen virtuell durch die Menüpunkte Ihrer zu erstellenden Website bewegen, möchten wir Sie anhand der Checkliste zu einer weiteren kleinen Vorübung einladen. Dabei lernen Sie eine neue Methode kennen: die Mindmap.

Die Arbeit mit einer Mindmap erleichtert es, komplexe Themen schon beim Ideen sammeln zu strukturieren und hat den Vorteil, ebenso wie ein Cluster auf vielfältige Aufgabenstellungen anwendbar zu sein. Vom Cluster unterscheidet es sich insofern, als Sie mit den Themen/Begriffen weiterarbeiten können, die Sie beim Clustern herausgefunden haben. Sie zerlegen sie in kleinere Teileinheiten und bringen sie in eine hierarchische Ordnung. Ein gutes Mindmap hat die gleichen Qualitäten wie eine gute Gliederung: Sie können sich schreibend daran entlang hangeln. Auch ganze Redevorträge lassen sich auf diese Weise perfekt vorbereiten. Der Vorteil gegenüber einer herkömmlichen Gliederung: Durch die visuelle Gestaltung haben Sie das komplexe Thema auf einmal im Blick. Sehr hilfreich ist die Mindmap, wenn Sie ein »Textteilschreiber«, ein »Schritt-für-Schritt-Schreiber« oder ein »Aus-dem-Bauch-heraus-Schreiber« sind. Die Mindmap hilft Ihnen dabei, den Überblick zu wahren und Ihre Fragmente sinnvoll zu ordnen. Die Methode ist schnell erfasst: Wieder steht in der Mitte ein Kasten mit dem Titel Ihrer Aufgabe, in unserem Fall: Menüpunkte und Inhalte. Von diesem Kasten aus verzweigen sich Äste mit den jeweiligen Hauptpunkten, von denen wiederum Unterpunkte abgeleitet werden.

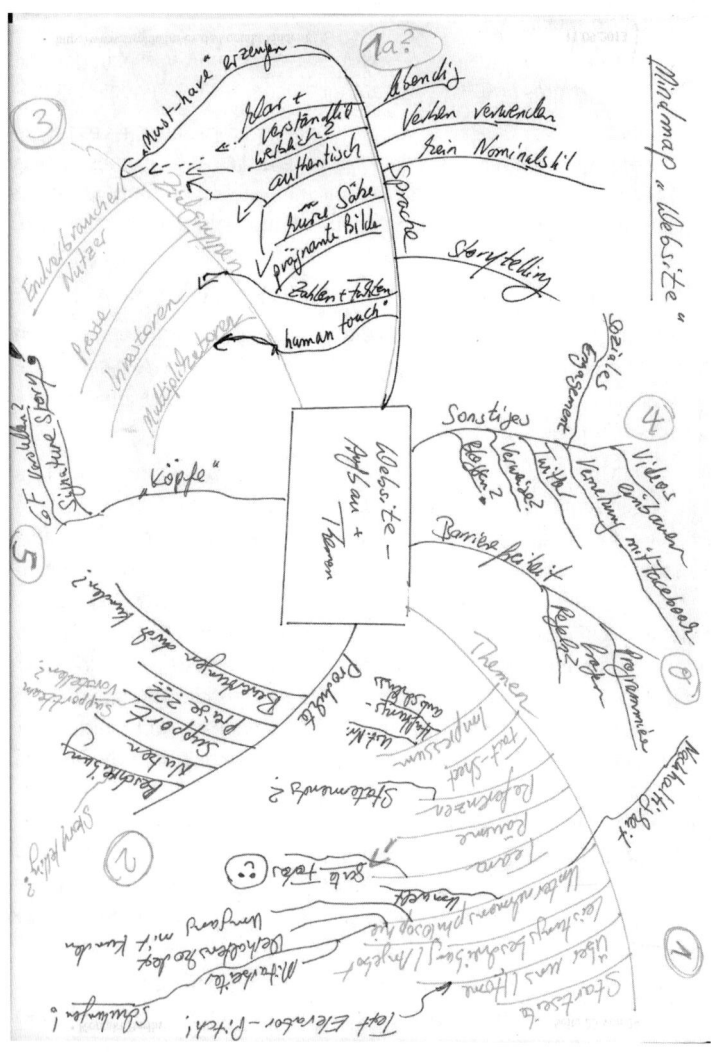

Voilà: Die Struktur Ihrer Website liegt bereits vor Ihnen. Jetzt muss Sie nur noch mit Texten gefüllt werden.

> ## Mindmap
>
> Die Technik des Mindmap oder Mindmapping (so wird oft die Tätigkeit des Strukturierens bezeichnet) geht auf den Psychologen Tony Buizan zurück, der sie 1971 entwickelte. Von einem Kernthema ausgehend werden die Hauptaspekte des Themas sternförmig verzweigt. Von den Hauptästen verzweigen sich Nebenäste, die das Thema spezifizieren. Diese Darstellungsweise ist dem radialen Denkmuster des Gehirns nachempfunden. Eine Stärke des Mindmaps ist die Verbindung von sprachlichen und visuellen Elementen, die durch die Verwendung unterschiedlicher Farben für die einzelnen Äste oder das Einfügen von Bildern oder Symbolen verstärkt werden kann. Je nach Lern- und Wahrnehmungstyp kann jeder Nutzer seine Mindmap an individuelle Bedürfnisse und Denkmuster anpassen: Wer Farben liebt, integriert Farben, wer Piktogramme oder Bilder bevorzugt, verwendet diese. Das dient nicht nur der besseren Erinnerung, wenn es anschließend ans Schreiben oder Vortragen geht, sondern erhöht die Freude an der Vorbereitung.

Gewürzmischungen aus der feinen Textküche nutzen

Ehe Sie sich ans Texten machen, möchten wir Ihre Aufmerksamkeit ganz kurz auf ein paar kleine Stilelemente lenken, die – gut gemischt und fein aufeinander abgestimmt – Ihren Text flüssig und gut lesbar machen.

1. Drücken Sie sich »verblich« aus! Verben transportieren die Satzaussage, und wirken lebendig. Lassen Sie Ihre Kunden Ihr Produkt *anwenden*, statt es *zur Anwendung bringen*. *Beanspruchen* Sie seine Aufmerksamkeit, *statt sie in Anspruch* zu nehmen. Substantive mit den Endungen -ung, -keit, -ismus, -ion etc. hemmen den Lesefluss und »stehlen« Ihrem Text Dynamik und Vitalität. Halten Sie Ihren Text lebendig!

2. Sprechen Sie den Leser so oft wie möglich persönlich an – mit einem »Sie«. Bei ganz jungen Zielgruppen darf es auch ein »Du« sein. Aber Vorsicht, nicht übertreiben, sich anbiedern »kommt gar nicht gut«!

3. In der Kürze liegt die Würze. Zerstückeln Sie Bandwurmsätze und ersetzen Sie diese durch einfache Satzkonstruktionen. Das hilft dem Leser, den Text schnell zu erfassen.

4. Klarheit, Klarheit, Klarheit: Floskeln und komplizierte Satzgefüge meiden.

5. Zwischenüberschriften und fett gedruckte Schlüsselwörter unterstützen Schnellleser. Die meisten Leser haben wenig Zeit!

6. Innere Bilder und Gefühle ansprechen: das funktioniert gut über den Gebrauch von Metaphern (Wortbildern, z.B. »Sie chillen zusammen auf der Couch, obwohl Ihr Partner in Australien ist – dank Skype«) und Analogien (Ähnlichkeiten, z.B. »Ihre blitzschnelle Internetverbindung«). Wo es passt, können auch Alliterationen (Wiederholung des gleichen Anlautes, z.B. »Der kleine Klaus Kramer kocht die köstliche Kürbissuppe in unserem Video«) verwendet werden. Aber: Maß halten! Inflationär angewendet, vermindern sie die Glaubwürdigkeit.

7. Humor darf auch mal sein – wo es passt. Bitte niemals auf Kosten anderer!

8. Geplante Wiederholungen sind wünschenswert – so lange Sie jedes Mal andere Formulierungen verwenden, unterstützen Sie den Leser dabei, sich an Ihre Inhalte langfristig zu erinnern.

9. Beziehen Sie den Leser so oft wie möglich in Ihren Text ein. Sagen Sie ihm, welcher Nutzen Ihr Produkt oder Ihre Dienstleistung ihm bietet.

10. Fordern Sie zur Kontaktaufnahme auf! »Wir beraten Sie gerne!« Oder »Haben Sie Fragen? Herr XY freut sich auf Ihren Anruf«. Solche Formulierungen dürfen sich wie ein roter Faden durch Ihre Website ziehen. So beweisen Sie, dass der Kunde bei Ihnen wirklich willkommen ist und persönlich betreut wird. In Zeiten unpersönlicher Call-Center ist das ein echter USP!

Etwas zu viel Input auf einmal? Dann schlagen wir an dieser Stelle eine kleine Lockerungsübung vor. Die passt übrigens immer, wenn sich ein weißes Blatt nicht füllen möchte. Ganz verspielt beschäftigen Sie sich mit etwas völlig anderem, tun etwas scheinbar absurdes, und –schwupp-diwupp – sprudeln auch die ernsthaften Ideen wieder. Glauben Sie nicht? Probieren Sie es einfach mal aus.

Übung 9:
Lockerungsübung mit Vergleichen und Metaphern

Metaphern regen die Vorstellungskraft an, indem sie bemerkenswerte oder widersprüchliche Bilder vergleichen. Wir benutzen Metaphern, um reale Objekte oder abstrakte Bilder intuitiv verständlich zu machen. Bitte finden Sie jetzt ein paar ungewöhnliche oder aus der Alltagswelt entlehnte Bilder für folgende Empfindungen und Sinneswahrnehmungen:

- ‣ Frech wie....
- ‣ Müde wie...
- ‣ Aufgeregt wie....
- ‣ Abgehetzt wie...
- ‣ Neugierig wie....
- ‣ Hell wie...
- ‣ Warm wie...

Wie fanden Sie diese Übung? Wenn sie ein Lächeln auf Ihr Gesicht gezaubert hat, malen Sie ein Smiley in Ihr Textportfolio – das hilft daran zu erinnern, wenn Sie demnächst mal einen Stimmungsaufheller gebrauchen können. Metaphern kann man auch für Wutwörter finden und damit negative Gefühle »ausagieren«. Wirkt manchmal wie Holz hacken!

3.2   Home: Die Startseite

Ganz locker beginnen wir nun mit der Startseite Ihres Webauftritts: Hier soll Ihre Zielgruppe auf einen Blick eine knappe, aber dennoch vollständige Information darüber finden, wer Ihr Unternehmen ist und was es leistet. Wenn Sie dafür die Formulierungen verwenden, die Sie bei der Übung »Elevator-Pitch« erarbeitet haben, können Sie den ersten Punkt auf Ihrer Website-Liste bereits abhaken!

Sie sind in unterschiedlichen Geschäftsfeldern tätig? Dann sollten Sie diese hier ebenfalls nennen. Ein sehr gut gelungenes Beispiel für eine übersichtliche Startseite ist unserer Meinung nach die des Softwareentwicklers Axentris: *http://www.axentris.de* .

3.2.1 Unternehmensphilosophie

Sollte Ihr Unternehmen schon eine Unternehmensphilosophie formuliert haben, können Sie zum nächsten Punkt übergehen. Falls nicht, möchten wir Sie dazu ermutigen, jetzt darüber nachzudenken, wie die unausgesprochene Philosophie Ihres Unternehmens aussieht. Denn es gibt sie, auch wenn sie bislang nirgendwo festgeschrieben wurde! Braucht man so was? Werden Sie an dieser Stelle vielleicht fragen. Lassen Sie uns mit einer Gegenfrage antworten: Brauchen wir – als Person – Grundsätze, an denen wir unser Leben ausrichten? Wir denken schon, denn diese Grundsätze bestimmen unser Handeln. Eine Unternehmensphilosophie ist daher nichts Künstliches, Aufgesetztes, sondern eine Beschreibung jener Grundsätze, die den Handlungen und Aktivitäten Ihres Unternehmens zu Grunde liegen. Darin ist festgelegt, wie sich der Umgang mit Mitarbeitern und Kunden gestalten soll, welchen Servicegedanken Sie verfolgen, ob Sie über

Ressourcen schonende Produktionsverfahren nachdenken und Verantwortung für die Umwelt übernehmen möchten. Solche Überlegungen sind nicht zu unterschätzen, denn sie entscheiden darüber, ob Ihr Unternehmen bei Ihrer Zielgruppe »sympathisch« rüberkommt. Im Grunde ist es nicht anders, als beim Kennenlernen neuer Menschen: Sympathie und Antipathie entscheiden letztlich darüber, ob es zu einer Beziehung kommt oder nicht. Im Unternehmensalltag ist es beispielsweise entscheidend dafür, ob sich ein potenzieller Mitarbeiter auf Ihre Stellenangebote bewirbt oder nicht. Ebenso ist es in der Kommunikation zwischen dem Anbieter und seinen Zielgruppen von Bedeutung, ob das Unternehmen oder die Institution als authentisch und ehrlich wahrgenommen wird.

Beispiel: Somatex

Finden Sie auf dieser Website Antworten auf Ihre W-Fragen zur Unternehmensphilosophie?

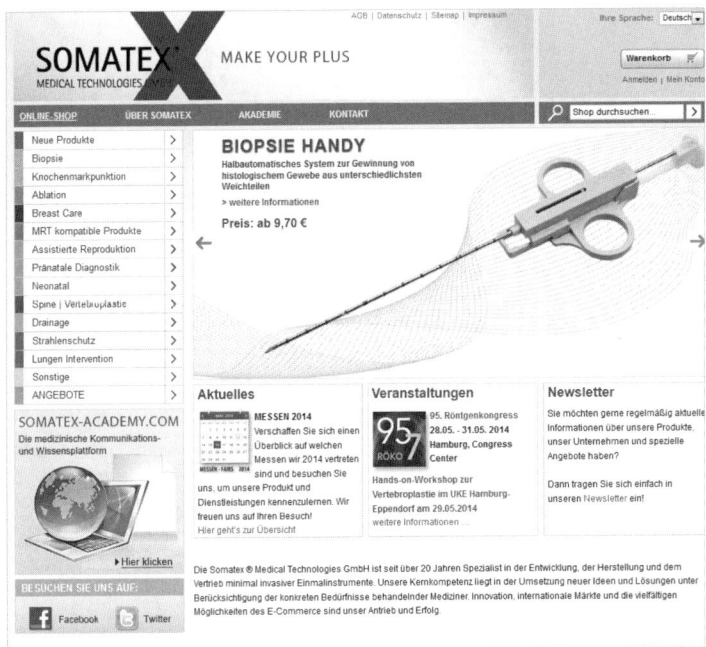

(Quelle: *http://www.somatex.com*)

Schauen Sie sich die Website von Somatex einmal genau an.

Sie richtet sich ausschließlich an ein gut ausgebildetes Fachpublikum, das sich schnell einen möglichst umfassenden Überblick über das Produktangebot verschaffen möchte. Wir meinen, das leiste diese Website gut. Aber können Sie auch Informationen zu ethischen Richtlinien des Unternehmens entdecken? Wenn ja, an welcher Stelle? Wie wirkt das auf Sie?

Übung 10: Eindrücke festhalten

Bitte notieren Sie Ihre Eindrücke und halten Sie fest, was Sie vermissen. Diese Erkenntnisse helfen bei der Formulierung einer eigenen Unternehmensphilosophie.

Übung 11: »Dafür stehe ich mit meinem Namen«

Begeistern Sie andere für die Idee hinter den Produkten und Dienstleistungen Ihres Unternehmens! Beginnen Sie mit einem fiktiven Brief an einen Freund, in dem Sie ihm erläutern, was in Ihrem Unternehmen zählt. Tun Sie es zunächst in Ihren eigenen Worten, so als stünde er Ihnen gegenüber. Sprudeln Sie vor Begeisterung!

Anschließend lesen Sie Ihren Text laut vor und experimentieren mit Weggabelungen im Text: Wie wirkt es, wenn ich diese oder jene Formulierung benutze? Falls es zu lang wird: Fassen Sie zusammen. Streichen Sie Unnötiges, beginnen Sie mit den wichtigsten Aspekten. Wenn es sich anbietet, integrieren Sie die Geschichte der Unternehmensgründung. Lassen Sie es menscheln, wenn Sie den Ausgangspunkt des Firmengründers beschreiben. »Heinz Müller gründete das Autohaus Müller 1972« klingt nicht besonders spannend. »Von Heinz Müller erzählt man sich, er habe schon als kleiner Junge davon geträumt, ein Haus mit einer riesigen Garage zu besitzen. Darin sollten viele Autos in unterschiedlichen Größen und Farben stehen. Dieser Herzenswunsch hat ihn offenbar niemals losgelassen. Wenn er heute aus dem Fenster seines Büros schaut....« – schon besser, oder? Erzählen Sie kleine Geschichten, wo immer es sich anbietet!

Ganz zum Schluss, wenn Sie mit Ihrer Darstellung zufrieden sind, können Sie den Text in die Sprache Ihrer Zielgruppe »übersetzen« – sofern es nötig ist.

Tipp

Betrachten Sie diese Aufgabe als Spiel, das Sie lustvoll in Ihren Arbeitsalltag integrieren. Spielen vermindert den Alltagsdruck und verhilft zu erstaunlichen Erkenntnissen!

Übung 12: Verdichten: Elfchen schreiben

Treiben Sie das Spielerische auf die Spitze und probieren Sie ein Elfchen aus, um entspannt zu Ihrer Unternehmens-Philosophie zu kommen. Elfchen sind kleine Gedichte aus elf Wörtern. Das erste Wort ist die Überschrift. In der nächsten Zeile stehen zwei, in der dritten Zeile drei und in der vierten Zeile vier Wörter. Die fünfte Zeile besteht aus einem Wort, das den Inhalt pointiert.

Klingt schwierig? Wir versuchen einmal, es anhand der nüchternen Unternehmensdarstellung des Beispielunternehmens Somatex vorzumachen:

Überlebensmittel

Leben retten

Leben langfristig verbessern

Nichts geht ohne sie:

Operationswerkzeuge

So ein kleines Alltagsgedicht hilft, um das Wesentliche in elf Wörtern auf den Punkt zu bringen! Auf der Website wird das Elfchen sicher nicht veröffentlicht, aber Sie haben (hoffentlich) Ihren Spaß dabei gehabt, den richtigen Ansatzpunkt für Ihre Unternehmensphilosophie zu finden. Wie man sieht, funktioniert das auch bei sehr komplexen Themen und Angeboten.

Ein letztes Wort zur Website von Somatex. Hier haben wir es mit der Gesundheit zu tun, einem eher »schweren« Thema. Hauptzielgruppe für das Angebot sind Chirurgen, eine Berufsgruppe, die häufig unter Zeitdruck steht. Sie müssen schnelle Entscheidungen treffen, die auch wirtschaftlich vertretbar sind. Dennoch sollte man nicht vergessen, dass auch Chirurgen emotionale Bedürfnisse haben. Es kann also nicht schaden, ein wenig mehr »Human Touch« anzubieten. Darüber hinaus könnte es auch sein, dass sich andere Besucher die Seite anschauen. Sollte das Unternehmen einmal an die Börse gehen, interessieren sich mit Sicherheit auch Aktionäre und Journalisten für das Unternehmen. Wie würde die derzeitige Darstellung wohl auf sie wirken?

Beispiel 2: Zalando

Auch unser nächstes Beispielunternehmen verkauft seine Waren im Internet. Die Produkte stehen auch hier an erster Stelle. Dennoch geht Zalando ganz unkonventionell an die Selbstdarstellung heran. Wir fanden sie so gelungen, dass wir Ihnen an dieser Stelle mehr als nur einen Link anbieten möchten.

Statt einer Unternehmensphilosophie nimmt Zalando nämlich ganz konsequent die Perspektive der Kernzielgruppe ein. Die besteht hauptsächlich aus Frauen mit einem Faible für Schuhe. Das ist der kleinste gemeinsame Nenner für die sehr heterogene Zielgruppe der Internetshopperinnen – gibt es so etwas auch für Ihre Zielgruppen?

Ganz gleich, ob die Zalando-Kundinnen in der Provinz oder in einer Großstadt leben, welchen Lebensstil sie pflegen und welche Überzeugungen sie vertreten, die Liebe zum schönen Schuhwerk eint sie. Mit der Konzentration auf diesen Gemeinschaftsaspekt ist der PR-Abteilung ein Kunstgriff gelungen, den Sie, liebe Leser, als Inspirationsquelle nutzen können – es lohnt sich, auch wenn Sie etwas völlig anderes anbieten. »Zalando, Der Amor meiner Schuhliebe, mein liebster Schuhe Online Shop«, so lassen die Zalando-Werber eine namenlose Protagonistin das Unternehmen beschreiben. Dann wird die »Botschaft« in einen Liebesbrief verpackt, den Brief einer Frau an die Objekte ihrer Begierde. Wir zitieren:

> *»Schuh, I love you: Ein Liebesbrief an die besten Freunde einer Frau – Schuhe*
>
> *Liebe Pumps, liebe Stiefeletten, liebe Peeptoes, liebe Schuhe! Wo soll ich anfangen? Ich liebe Euch seit ich laufen kann, ja, das ist keine Übertreibung. Nein, eigentlich seit ich krabbeln kann. Denn*

meine ersten Schuhe waren **Krabbelschuhe**. *Keine feste Sohle, dafür rosa mit Blümchen, einfach süß. Dann die* **Ballerinas** *zum Sommerkleid, die* **Sandaletten** *für den Sommer und die* **Gummistiefel** *für den Sprung in die Pfütze. Die Converse* **Chucks** *zu den zerrissenen Jeans, was hab ich mich cool gefühlt. Und sexy in meinen ersten* **High Heels** *und seriös in den* **Pumps** *zu meinem Hosenanzug.*

Warum ich Euch so liebe, **Schuhe**? *Ihr macht aus mir jeden Tag einen neuen Menschen. Ich möchte selbstbewusst zum Bewerbungsgespräch erscheinen, dann entscheide ich mich für die* **Pumps**. *Ich möchte sexy zum ersten Date, dann kommen die* **Peeptoes** *an die Füße. Auf der Party trage ich die* **High Heels**, *zum Joggen meine* **Laufschuhe** *und auf dem Weg in den Supermarkt meine supercoolen* **Sneaker**. *Mein Schuhschrank ist voll mit* **Schuhen**, *für jeden Anlass, in jeder Farbe, in jeder Höhe,* **Lederschuhe**, *Stoffschuhe,* **Winterschuhe** *und Sommerschuhe, Slipper, Schnürschuhe,* **Stiefeletten** *und* **Stiefel** *sogar Klettschuhe, Römersandalen und Trekkingschuhe – ich kann einfach nie genug von Euch bekommen, ich bin verrückt nach Euch, Ihr* **Schuhe**! *Und warum ich* **Schuhe** *noch liebe? Weil ich Schuhe immer kaufen kann. Erstens, weil es egal ist, ob die Jeans gerade kneift oder an den Beinen schlackert, meine Schuhgröße bleibt gleich. Und zweitens, weil ich im* **Schuhe Online Shop** *von Zalando rund um die Uhr meine Schuhliebe leben kann. Stundenlang könnte ich mich durch die unendliche Auswahl an über 40.000* **Pumps**, **Sandaletten**, **Stiefeln**, **Stiefeletten** *und* **Ballerinas** *bei Zalando klicken. Und alle* **Schuhe online kaufen** *– versandkostenfrei. Um sie dann einfach nur anzuschauen und zu bewundern. Für ihre Eleganz, für ihre Lässigkeit, für ihre Schönheit, für ihre Bequemlichkeit.* **Schuhe** *verschönern einfach jedes Outfit.* **Pumps** *oder* **Stiefeletten**, *was für einen Unterschied das macht!«*

Man findet den kompletten Text ganz unten auf der Website *www.zalando.de* unter »Über Zalando«.

Darf man das? Warum nicht? So lange es zum Gesamtauftritt des Unternehmens passt, ist das eine Idee, mit der man sich mit Sicherheit vom Wettbewerb abgrenzen kann. Und das sogar auf eine sympathische Art.

Hier hat sich vermutlich im Vorfeld jemand mit den Möglichkeiten des Kreativen Schreibens befasst... Zalando macht gekonnt vor, wie man sich in die Bedürfnisse der Zielgruppe hineinversetzt und gleichzeitig die eigenen Leistungen gekonnt hervorhebt. Völlig anders als jede übliche Firmenphilosophie, doch so dicht dran an der Zielgruppe, dass es besser kaum noch geht! Zalando sagt nicht, »Wir wollen Frauen glücklich machen«; Zalando gibt Frauen eine Stimme – und zwar eine, die authentisch klingt.

Das klappt sicher nicht bei jedem Produkt, aber bei manchen. Wenn Sie nun denken, auch Ihr Unternehmen gehört in diese Kategorie, probieren Sie es aus.

Übung 13: Liebesbrief schreiben

Wenn Sie denken, für Ihr Unternehmen oder Ihr Produkt passe das gar nicht, möchten wir Sie ermutigen, einen Liebesbrief an Ihren Lieblingsbuchstaben zu schreiben – auch damit kann man sich lockern. Sie haben keinen Lieblingsbuchstaben? Denken Sie kurz nach: Welchen schreiben Sie besonders gern? Welche Form spricht Sie an? Woran erinnert er Sie? Na? Beginnt das Hirn schon zu rattern?

Beispiel 3: Namics

Namics hat im Prinzip eine recht klassische Unternehmensphilosophie, zugeschnitten auf eine junge, internet-affine Zielgruppe. Der folgende Text richtet sich sowohl an die Kunden, als auch an die Mitarbeiter des Unternehmens:

»Professional Ethics Grundsätze« sind essenzielle und unumstößliche Normen, welche wir unserem Handel jederzeit zu Grunde legen. Diese folgen dem Grundgedanken, dass wir uns über detaillierte Prozesse weiter entwickeln wollen, aber entlang von gemeinsam akzeptieren Spielregeln:

– Kooperation und Respekt (Respect for the Individual)

– Kundeninteresse hat Vorrang (Client Interests First)

– Professionelle Entwicklung (Professional Development)

– Kunden in Wettbewerbssituation (Competing Clients)

– Projektannahme mit Verantwortung (Accepting Projects)

– Vertraulichkeit (Confidentiality)

– Keine Austrittsbarrieren (Lock-In)

– Integrität (Integrity)

– Unabhängigkeit (Independence)

– Keine finanzielle Verflechtung (Financial Arrangements)

– Internet-Prinzipen (Internet Principles)

Weshalb braucht gerade Namics solche Regeln? Die Leistung, welche wir anbieten bedingt, dass uns Kunden ihr Vertrauen schenken. Einerseits weil unsere Projekte innovativ sind, einen hohen Einfluss auf den Geschäftserfolg haben und weil wir häufig mit schützenswerten Informationen umgehen. Andererseits weil zum Zeitpunkt des Vertragsabschlusses weder alle Lösungsaspekte definiert sind, noch die Lösung selbst bekannt ist (im Gegensatz zum Produktgeschäft). Wie beim Arzt weiß ich nicht, ob die vorgeschlagene Therapie die Beste ist (sonst bräuchte ich keinen Arzt). Zudem ist das digitale Medium speziell, da einfach (und verlustfrei) kopiert werden kann, schützenswerte Daten ausgetauscht werden und der Erfolg des Internets auf Öffentlichkeit (inkl. öffentlichen Standards) basiert. Potentiell kann viel Unfug/Missbrauch betrieben werden. Die »Namics Professional Ethics Grundsätze« regeln unser Verhalten in diesem Kontext und sind Basis für unser Vertrauensgeschäft.«

(Quelle: *http://blog.namics.com/2009/08/namics-professi.html*)

So umfangreich muss Ihre Unternehmensphilosophie nicht zwingend ausfallen. Manchmal reichen auch wenige Sätze – es kommt immer darauf an, womit Sie sich beschäftigen. Wer Textilien produziert, sollte schon ein paar Worte darüber fallen lassen, wie er zu Kinderarbeit steht oder zu den Arbeitsbedingungen, sofern er im Ausland fertigen lässt. Wenn Sie eine kleine Schneiderei betreiben, in der Sie Mirgrantinnen einen sicheren Arbeitsplatz und Hilfestellungen bei der Integration geben, wird Ihre Philosophie völlig andere Aspekte berücksichtigen!

Übung 14: Schreiben Sie Ihre Unternehmensphilosophie

Als Vorübung bieten wir Ihnen den »Fischteich« an. Angeln Sie zunächst Oberbegriffe, die für die Ethischen Grundsätze Ihres Unternehmens stehen können. Das funktioniert auch, wenn Sie ein Einzelunternehmen betreiben. Als Personaltrainer können Sie zum Beispiel etwas darüber schreiben, wie Sie sich Ihr Verhältnis zu Ihren Klienten vorstellen. Zuverlässigkeit, Pünktlichkeit, das Unmögliche möglich machen – all das sind Werte und Aussagen, die auch zu kleinen Unternehmensgründern passen. Wo es passt, sammeln Sie anschließend tabellarische Unterbegriffe und ordnen sie den Oberbegriffen zu. Formulieren Sie dann erste Sätze. Schalten Sie den »Inneren Zensor« auf stumm. Schreiben Sie so lange, bis Ihr Ideenfluss versiegt. Legen Sie den Text anschließend beiseite und lesen Sie ihn erst morgen erneut. Streichen Sie Überflüssiges, ergänzen Sie, was fehlt, prüfen Sie, ob Sie die Sprache Ihrer Zielgruppe getroffen haben. Zuletzt überprüfen Sie noch einmal alle Formalien und voilà: Wieder dürfen Sie ein Häkchen machen!

3.3   Produkte und Angebot

Zalando eignet sich göttlich zur Überleitung auf den nächsten Menüpunkt Ihrer Website: Die Darstellung Ihres Angebotes.

Selbst wenn Sie nicht in den Bereichen Mode oder Einrichtung zuhause sind, wird das Prinzip beim Betrachten der Zalando-Website klar: Möglichst umfassend über das Produkt/die eigenen Dienstleistungen informieren. Während bei unserem Beispiel die Optik und Beurteilung von Qualität und Tragekomfort durch andere Käuferinnen von Bedeutung sind, mag es bei Ihnen ein erklärungsbedürftiges Produkt oder eine Dienstleistung sein, die Sie so anschaulich wie möglich beschreiben.

Übung 15: Paradoxe Intervention

Wie müsste Ihr Produkt/Ihre Dienstleistung sein, damit sie wirklich niemand haben möchte? Schrecken Sie potenzielle Kunden ab, so gut es geht. Sie ahnen, worum es dabei geht? Manche Stärken zeigen sich im Umkehrschluss.

Benötigen Sie weitere Inspirationen? Wir haben wieder Beispiele für Sie parat.

Beispiel 4: Dentallabor Vill & Hapke Berlin

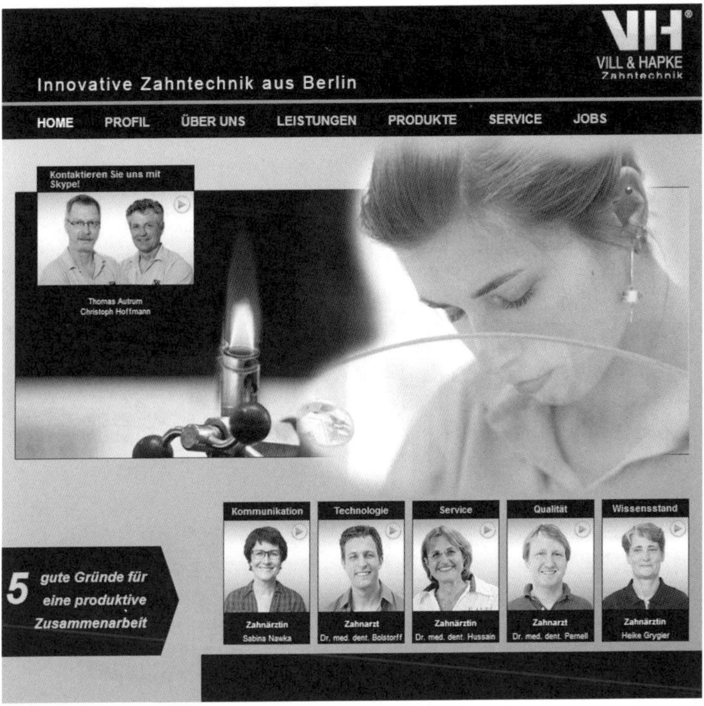

(Quelle: *http://www.vill-hapke.de/home.html*)

Neben der ausgezeichneten Struktur dieser Website hat uns besonders gut gefallen, dass die Produkte schon auf der Startseite mit den späteren Nutzern zusammengebracht werden. Dentaltechniker sind Zulieferer. Das macht die Darstellung immer etwas schwieriger, denn man möchte mit der PR-Arbeit nicht nur die belieferten Zahnärzte, sondern auch die Endkunden auf das Unternehmen aufmerksam machen.

Zahnärzte, die eigentlichen Kunden, machen sich schon auf der Startseite mittels Testimonials für das Labor stark. Testimonials sind 'Zeugenaussagen' von Benutzern des Produkts, die um Vertrauen werben sollen. Das wirkt glaubwürdiger, als würden die Geschäftsführer ihre Leistungen persönlich anpreisen. Die sind auf der Seite ebenfalls präsent, aber nicht omnipräsent. Informationen über die dentaltechnischen Leistungen, die technische Leistungsfähigkeit und die Qualifikationen des Teams werden ausgewogen dargestellt. Mit ein bisschen mehr »Human Touch« könnte diese gut strukturierte und informative Website allerdings noch mehr punkten.

Beispiel 5: Werbeagentur Prinzipeins

prinzipeins
Agentur für Kommunikation

„Wir stellen kreative Kommunikation in den Fokus."

Leistungen   Zur Startseite

| Kommunikation | Web | Fotografie | Über Uns |

Unsere Leistungen decken ein breites Spektrum ab. Von der Ideenfindung bis zum schlüsselfertigen Unternehmens- oder Markenauftritt liefern wir alles, was das Unternehmer-Herz begehrt. Je nach Auftrag liefern wir einzelne Module, ganze Pakete oder einfach alles rund um Ihren Markenauftritt.

Kommunikation

- Analyse
- Konzeption
- Realisierung

Web

- Gestaltung
- Programmierung
- Suchmaschinenoptimierung
- Redaktion
- mobiles Web
- email-Newsletter
- technische Betreuung
- Suchmaschinenmarketing

Fotografie

- Business Fotokonzept
- Unternehmensdarstellung
- Businessportraits

 (Quelle: *http://www.prinzipeins.de/leistungen*)

Die Agenturleistungen werden auf dieser Website kurz und knapp auf den Punkt gebracht. Arbeitsbeispiele kann man sich unter Referenzen anschauen. Zugegeben, an dieser Stelle haben es die Agenturen leicht. Sie können Fotos zeigen, auf Websites von Kunden verweisen, Prospekte zum downloaden bereit stellen.

Aber Dank des Elevator-Pitch sind auch Sie in der Lage, Produkte und Dienstleistungen prägnant zu präsentieren. Garnieren Sie Ihren Text mit guten Fotos!

3.4   Meilenstein

Sie haben bereits einen großen Sprung nach vorn gemacht und die wichtigsten Teile Ihrer Website »stehen«. Zeit für einen kurzen Exkurs, der eventuell hilft, kleine Schwachstellen auszumerzen oder sich darüber zu freuen, dass alles bleiben kann, wie es ist. Glückwunsch, Sie haben bereits einen richtig guten Job gemacht!

Kapitel 4

Werben mit Emotionen

Willst Du in guten wie in schlechten Zeiten mein Kunde sein?
Werben Sie mit Emotionen.

»Der Text sitzt im Arsch«, sagte einst Paul Schuster, einer der ganz großen Schreiblehrer und Verfechter des Kreativen Schreibens. Die eigentliche Arbeit käme beim Überarbeiten, meinte er damit. Durchkämmen Sie alle Text noch einmal hinsichtlich der Frage, ob Sie jede Gelegenheit genutzt haben, um Emotionen zu erzeugen. Positive, versteht sich. Es lohnt sich. Aus der Gehirnforschung wissen wir, dass Emotionen eine große Rolle bei Lern- und Erinnerungsleistungen spielen. Auch wenn es um Erfolge geht sind sie beteiligt. Positive Gefühle ziehen positive Ergebnisse an – nutzen Sie diese Erkenntnis!

Lesen Sie Ihre Texte ein weiteres Mal. LAUT. Auch wenn Sie sie selbst geschrieben haben und wissen, was drinsteht. Laut gelesen klingen sie anders. Garantiert! Wenn es irgendwo haken sollte, beim lauten Lesen fällt es Ihnen auf. Besser, es fällt Ihnen auf, als dem Kunden, um dessen Gunst Sie werben. Hören Sie den Text also mit seinen Ohren.

Macht die Startseite neugierig? Hätten Sie den Eindruck, ein tiefer gehender Blick auf das Angebot sei lohnend, nachdem Sie die ersten Zeilen gelesen haben? Verspricht die Unternehmensdarstellung Lösungen für Probleme, die Ihren Kunden unter den Nägeln brennen? Kommt Ihr Unternehmen sympathisch rüber? Zeigen Sie seine Schokoladenseiten? Zeigen Sie Gefühl?

Bemühen Sie in der Unternehmensdarstellung das »junge, hochmotivierte Team«, das »Aufgaben engagiert löst«? Sorry, aber streichen Sie das bitte. Das behaupten nämlich alle. Langweilig! Ganz zu schweigen davon, dass solche Floskeln für ältere Leser ärgerlich sind. Ständig werden ihnen junge Mitarbeiter als Garanten für eine hohe Motivation serviert – auch ältere Arbeitnehmer sind motiviert! Manchmal sogar weit mehr als die Jungen.

Bedenken Sie den demografischen Wandel in unserer Gesellschaft. Wir werden alle älter, leben gesünder, sind fitter und arbeiten länger. Viele ältere Arbeitnehmer oder ehemalige Selbstständige suchen sich heute ganz bewusst Aufgabengebiete, in die sie ihre Expertise einbringen können. Wie wäre es, auch mal die Erfahrung und konstante Fortbildungsbereitschaft jener Mitarbeiter in Szene zu setzen, die bereits die Lebensmitte überschritten haben? Ein altersgemischtes Team, das Innovation und Erfahrung für die Belange der Kunden optimal verbindet, klingt doch wesentlich interessanter – und transportiert gleichzeitig die Botschaft gesellschaftlichen Verantwortungsbewusstseins. Ein Unternehmen, das überwiegend die »Generation Praktikum« beschäftigt, klingt anders, ein Punktgewinn bei jenen Menschen Ihrer Zielgruppe, deren Kinder gerade erste Berufserfahrungen machen! Auch das Bedürfnis nach Gerechtigkeit im Arbeitsleben ist eine Emotion, die Sie berücksichtigen dürfen.

Aufmerksamkeit erntet, wer Gewöhnliches ungewöhnlich ausdrückt und Ungewöhnliches so gewöhnlich, dass jeder es versteht. Leistet das Ihr Text? Wenn nicht: Verwenden Sie Bilder und Analogien aus dem Alltag.

Sie sind Ernährungsberaterin? Prima, dann bieten Sie sich Ihrer Kundschaft als Personal Trainer rund ums Einkaufen und Kochen an. Machen Sie der Zielgruppe schmackhaft, dass Sie nicht nur Beratung, sondern sinnliche Erlebnisse liefern. Schildern Sie ein gemeinsames Schlendern über einen Wochenmarkt und freuen Sie sich mit Ihren Kunden auf Farbenpracht und Düfte. Präsentieren Sie sich als freundliche Unterstützerin auf dem steinigen Weg in Richtung modifiziertes Essverhalten.

Als Zahnarzt könnten Sie durchblicken lassen, besonders gern mit ängstlichen Patienten zu arbeiten. Zeigen Sie an Beispielen von ehemaligen Angstpatienten, dass auch Neuzugänge dem Zahnarztbesuch gelassen entgegensehen können.

Sie haben ein technisches Produkt entwickelt, das die Arbeitsprozesse Ihrer Kunden spürbar verändert? Vermitteln Sie ihnen die Sicherheit, auf professionelle Schulungen und einen guten, freundlichen Service vertrauen zu können.

Schreiben Sie über die Befriedigung des Helfens, wenn Sie für ein soziales Projekt arbeiten. Oder besser: Zeigen Sie, wie Ihre Organisation das Leben von Menschen verbessert hat oder verbessern hilft.

Konnten wir Ihnen das Prinzip verdeutlichen? Richtig, es geht immer wieder um Gefühle. Vertrauen, sich aufgehoben fühlen, unterstützt zu werden. Zeigen Sie Mut zur Emotionalität und Ihre Botschaft wird ankommen. Je mehr Emotionen angesprochen werden, desto besser. Floskeln, falsche Argumente, uninteressante Inhalte führen zum Lesestopp. Seien Sie mutig und streichen diese! Lösen Sie stattdessen ein Kopfkino mit Wortbildern aus, die neugierig machen. Ein Beispiel, das auch für die Vermeidung von Nominalsätzen (siehe den Tipp »Textküche« in Kapitel 3) gilt, wäre beispielsweise: »Bei unseren Backöfen erfolgt die Reinigung automatisch« zu ersetzen durch »Unsere Backöfen reinigen sich von selbst, ganz ohne Ihr Zutun«. Die Aussage ist gleich, doch der zweite Satz wird garantiert die neugierige Frage aufwerfen »Nanu, wie soll denn das gehen?« Folgt darauf eine kurze, leicht verständliche Erklärung, freut sich Ihr Kunde schon darauf, bald einer lästigen Aufgabe mehr entledigt zu sein. Machen Sie den Backofen zum Prinzip aller Produktbeschreibungen! Übrigens spielen auch hier Emotionen im Hintergrund mit: Erleichterung und Freude, eine ungeliebte Tätigkeit los zu sein!

»Bitte stellen Sie sich im Halbkreis auf«: Spot on für das Team – oder für Sie

Wenn es um die Selbst- oder Teamdarstellung geht, findet man im Internet sehr unterschiedliche Lösungen. Sie reichen von der stichwortartigen Biografie bis hin zu Informationen, welchen Urlaubsort ein Teammitglied bevorzugt, welche Haustiere es mag oder was die Mitarbeiter in ihrer Freizeit tun. Ähnlich verhält es sich mit den Selbstdarstellungen von Selbstständigen.

Sicher ist das Geschmackssache. Wir glauben jedoch, dass ein gutes (!) Foto, Informationen zu Aufgabenbereich und Qualifikationen sowie E-Mail und Telefonnummer zur Vorstellung des Teams die wichtigsten Informationen sind. Über Zusatzinformationen sollten Sie je nach Geschäftsfeld und Zielgruppe entscheiden.

Ob jemand eine Vorliebe für Design hat und am Wochenende auf Flohmärkten auf die Pirsch nach Pretiosen geht, kann bei einer Werbe- oder Designagentur passen. Bei unserem Beispiel Somatex eher nicht. Ein knackiges Zitat zum Dienstleistungs-verständnis würde bei der Zielgruppe (wir erinnern uns: Chirurgen) vermutlich besser ankommen.

»Frau Grossjahn ist unser wandelndes Glossar, wenn es um MRT-kompatible Produkte geht und freut sich darauf, Sie telefonisch zu beraten.«

Das hat »Human Touch« und nutzt dem Kunden – würde er einen Partner fürs Leben suchen, ginge er zu Parship und Co.

Wenn Sie selbstständig sind und Beratungsdienstleistungen anbieten, sollten Sie schon ein wenig persönlicher werden. Besonders im therapeutischen Bereich interessiert es die Klienten, mit wem sie es zu tun haben werden. Einem Psychotherapeuten mit Familie nimmt man eher ab, Schwierigkeiten mit Pubertierenden zu verstehen, als einem kinderlosen.

Ein Sportler sucht lieber einen Orthopäden mit einem Faible für Sport auf, als einen, bei dem bereits das Fotos Anlass zur Vermutung gibt, er würde eher zu einer Knieoperation raten, weil er die Bedürfnisse eines leidenschaftlichen Sportlers nicht nachvollziehen kann.

Fazit: Stellen Sie Kompetenzen heraus, überlegen Sie, was Sie mit Ihrer Zielgruppe gemeinsam haben könnten, werfen Sie Sympathieanker aus.

4.1 Das Team als Sympathieträger

Übung 16: Namensakrostichon

Wenn Sie nicht wissen, wie Sie anfangen sollen oder nicht wissen, was genau Sie sympathisch macht, versuchen Sie es wieder einmal spielerisch. Die Methode, die wir Ihnen dazu vorschlagen, heißt Akrostichon. Dazu schreiben Sie Ihren Namen Buchstaben für Buchstaben untereinander auf ein Blatt. Bleiben wir beim Beispiel unserer fiktiven Frau Grossjahn:

B eliebt bei Kunden
A ufmerksam
R uhepool des Teams
B eratungsstark, beneidenswertes Gedächtnis
A ktiv
R espektvoll im Umgang mit Mitmenschen
A ufgeschlossen für Neues

G ut gelaunt, großzügig
R osenliebhaberin
O rganisationstalent
S tressresistent
S chöne Telefonstimme
J ung geblieben
A uthentisch
H umorvoll
N atürlich!

> Es müssen nicht alle Buchstaben zwanghaft besetzt werden. Die Übung
> soll Ihnen schließlich Ideen liefern, keinen Stress bereiten!

Was machen wir nun aus unserer Sammlung? Zum Beispiel das:

*Barbara Grossmann, Ruhepool im Team. Mit ihrer angenehmen Telefon-
stimme und dem schier unerschöpflichen Wissen im Bereich MRT-kompatible Produkte, ist sie unsere stressresistente, immer freundliche Geheimwaffe in der Kundenberatung. Sie findet garantiert die richtigen Lösungen
für Ihr Anliegen.*

Probieren Sie es jetzt einmal mit Ihrem eigenen Namen. Anschließend mit
dem eines Mitarbeiters.

Sollten Sie sich beim Ergebnis nicht ganz sicher sein, fragen Sie jemanden,
der Sie gut kennt. Sie werden erstaunt sein, welche Kompetenzen andere
bei Ihnen entdecken, die Ihnen bislang vielleicht als »nicht der Rede wert«
vorkamen. Diese Übung eignet sich also auch dafür, den einen oder anderen blinden Fleck in Ihrer Selbstwahrnehmung zu erhellen.

Wir können es uns an dieser Stelle nicht verkneifen, darauf hinzuweisen:
Kreatives Schreiben stärkt das Selbstbewusstsein! Und damit Sie es nicht
vergessen: Notieren Sie Ihre persönlichen Kompetenzen in Ihrem Textportfolio – als Geheimwaffe für Tage, an denen der »innere Zensor« mal wieder
versucht, Sie klein und unbedeutend zu schrumpfen.

Beispiel: Selbstdarstellung von Leander Wattig, Blogger

*»Ich mag Menschen, die ihr Ding machen. Im Internet können wir
das jetzt alle tun – jeder kann hineinschreiben. Doch niemand hat
ein Patentrezept für Erfolg und deshalb ist Erfahrungsaustausch
wichtig. Denn will ich mit diesem Blog und mit meinen Vernetzungs-
initiativen unterstützen. Schließlich bin ich fest davon überzeugt,
dass ein souveräner Umgang der Menschen mit den demokratisier-
ten Publikationsmöglichkeiten gut für unsere Gesellschaft ist. Blogger zu sein, betrachte ich als den Kern meiner Tätigkeiten. Mit meinen eigenen Projekten wie »Ich mach was mit Büchern«, dem
»Virenschleuder-Preis« oder der Publishing-Stammtischreihe »Pub
'n' Pub« trage ich zur stärkeren Vernetzung der Publishing-Branche
bei. Ich unterstütze zudem führende Unternehmen und Krea-*

tivschaffende als freier Berater, bin als Speaker aktiv und engagiere
mich als Vorstandsmitglied der Theodor Fontane Gesellschaft.«

(Quelle: *http://leanderwattig.de/index.php/ueber-mich/*)

Möchten Sie gern mehr über Leander Wattig erfahren, nachdem Sie diese Selbstdarstellung gelesen haben? Haben Sie in dieser kurzen Passage einen Eindruck von den Dingen erhalten, die ihm wichtig sind? Welche Gefühle löst seine Selbstdarstellung bei Ihnen aus?

Übung 17:

Bitte beantworten Sie diese Fragen in einem kurzen Freewriting.

Übung 18:

Vergleichen Sie nun bitte Ihre Gefühle zu Leander Wattig mit den Gefühlen, die Ihre Selbstdarstellung bei Ihnen hervorruft.

Wenn Sie mit Ihrem Selbstporträt zufrieden sind, können Sie sich entspannt zurücklehnen oder sich eine kleine Belohnung gönnen. Sollten Sie noch unsicher sein, überarbeiten Sie Ihr Profil noch einmal. Wir sind sicher, jetzt geht es Ihnen leichter von der Hand!

4.2   Meilenstein

Bis zu diesem Punkt haben sie schon wieder eine Reihe von Teilzielen erledigt. Machen Sie ein paar Häkchen und freuen Sie sich über Ihr zügiges Vorankommen!

☑ Startseite/Home

☑ Unternehmensphilosophie

☑ Produkt/Angebot

☑ Team/Selbstdarstellung

Kapitel 5

Pressearbeit im Internet

Nun kümmern wir uns gemeinsam um eine andere Zielgruppe: Die Presse.

Vielleicht denken Sie jetzt, als »kleiner Selbstständiger« könnten Sie diese Zielgruppe vernachlässigen und möchten dieses Kapitel überblättern? Halt! Verzichten Sie nicht auf wichtige Multiplikatoren für Ihre Ideen, Produkte, Dienstleistungen und Erfolge. Wie wirkt beispielsweise der Medienspiegel von Cordula Nussbaum auf Sie?

» Medienspiegel   » Presse-Mitteilungen   » Radio   » TV   » Archiv

AKTUELLER MEDIENSPIEGEL - DAS BERICHTEN DIE MEDIEN

ZDF   **ARD**①   BR BAYERISCHES FERNSEHEN

| ZDF/WISO-Plus April 2012 | ARD Morgenmagazin: Live Bericht vom Seminar gegen Weihnachtsstress | Der Bayerische Rundfunk und die Süddeutsche Zeitung brachten einen Beitrag über das Zeit- und Prioritätenmanagement-Seminar von Cordula Nussbaum. |

(Quelle: *http://www.kreative-chaoten.com/metamenu/presse/medienspiegel.html*)

Frau Nussbaum hat vor Jahren klein angefangen. Mit einem Newsletter, in dem sie kreative Freiberufler ermutigte, den eigenen Weg zu finden. Dieser Newsletter und Presseberichte über sie entwickelten sich nach und nach zur Basis ihres Erfolges.

Wir haben bereits angedeutet, dass es für die Presseseite besondere Anforderungen gibt. Dummerweise überschneiden sich einige der Themen, mit denen wir uns hier befassen, mit dem Kapitel »Klassische Medienarbeit«.

Um dieses Dilemma aufzulösen, brauchten wir Autorinnen an dieser Stelle auch mal ein Cluster. Wir entwarfen die folgende "Lösung" für diese beiden Kapitel:

Zunächst erarbeiten wir, was Kunden im Internet über Sie finden sollten, bzw. was auf Ihre Website gehört. Im folgenden Kapitel machen wir uns anschließend gemeinsam dran, diese Texte zu erstellen und auf die unterschiedlichen Medien zu verteilen. Das heißt nicht, dass wir hier »nur« eine Checkliste anbieten. Im Gegenteil, wir möchten Sie auch auf gewichtige Unterschiede hinweisen, die es zwischen einer Presseseite im Internet und der guten alten Pressemappe gibt. Im Idealfall ergänzen sich die beiden Medien.

5.1 Die Presseseite

Beginnen wir mit dem Pflichtprogramm: Von einer guten Presseseite im Internet erwarten Journalisten:

- ▸ Informationen zur Unternehmenstätigkeit
- ▸ die wichtigsten Zahlen und Fakten (Mitarbeiter, Umsätze, Marktposition)
- ▸ Informationen zu Produkten, Geschäftsfeldern, Dienstleistungen
- ▸ Texte zum Unternehmensgründer und den wichtigsten Akteuren des Unternehmens (Geschäftsführer, Vorstände, bei kleinen Unternehmen: Mitarbeiter)
- ▸ Fotos der wichtigsten Akteure (Gründer, Vorstände, Geschäftsführer)
- ▸ Fotos vom Unternehmenssitz
- ▸ Pressemitteilungen, sofern vorhanden
- ▸ Presseecho (was haben Kollegen schon über das Unternehmen berichtet)
- ▸ Einen Ansprechpartner für Presseanfragen mit E-Mail und Telefonnummer.

Journalisten arbeiten unter extremem Druck. Selbst die Redaktionen der Medienflagschiffe wie Süddeutsche, FAZ oder Spiegel werden kontinuierlich »verschlankt«, wie es so hübsch heißt. In solchen magersüchtigen Ressorts sitzt oft nur ein einsamer Redakteur, dessen Jahresmittel für freie Mitarbeiter schon im zweiten Quartal aufgebraucht sind – sofern es überhaupt welche gibt.

Unter solchen Arbeitsbedingungen ist Schnelligkeit gefragt, weil weniger Journalisten mehr leisten müssen, um das Blatt mit anspruchsvollen Beiträgen zu füllen. Der klassische Pressetermin muss deshalb in den meisten Fällen ausgelassen werden. Zum Leidwesen vieler Journalisten findet die Recherche mehr und mehr am Redaktionsschreibtisch statt.

Mit einer guten Website helfen Sie den gebeutelten Journalisten, ihre Arbeit dennoch schnell und gut zu erledigen. Wenn Sie gute Vorarbeit leisten, können Sie sich im Gegenzug darauf verlassen, gute Presse zu »ernten«. Denn je besser Ihre eigenen Pressemitteilungen und Artikelvorlagen sind, desto größer ist die Chance, dass Ihr Wortlaut beinahe 1:1 übernommen wird. Nahezu 1:1, weil der Journalist seinen Namen unter den Bericht setzen möchte. Deshalb wird er immer ein paar Formulierungen ändern. Ihnen kann das Wurst sein, solange die Message ankommt, die Sie transportieren möchten! Wie das geht, erfahren Sie im nächsten Kapitel.

Beinahe alles, was wir hier aufgezählt haben, kann im Grunde genommen auch in gedruckter Form in die Pressemappe. »Braucht man denn überhaupt noch eine Pressemappe, wenn man alle Informationen »copy-and-past-gerecht« im Internet serviert?«, fragen Sie sich jetzt vielleicht.

Die Antwort lautet »jein«. Sicher hat das Internet die Bedeutung der klassischen – gedruckten – Pressemappe vermindert. Während sie früher auf Anfrage für Recherchen auf dem Postweg verschickt wurde, ist sie heute das Mittel der Wahl, wenn Einladungen zu besonderen Events anstehen. Dort werden sie den Journalisten persönlich ausgehändigt – aber auch digital hinterhergeschickt, wenn ein Redakteur oder Freier Journalist nicht persönlich teilnehmen konnte.

Öffentliche Feiern zur Unternehmensgründung, Jubiläen, Produktlaunches, Bilanzpressekonferenzen, Fusionen, Aktiengängen oder besondere Aktionen zu sozialen Zwecken können solche Anlässe sein.

Als Gründer eines Kleinunternehmens sind Sie an dieser Stelle vielleicht erneut versucht, dieses Kapitel zu überschlagen. Bitte nicht, auch Sie können der Presse etwas bieten! Selbst wenn Sie eine kleine Dienstleistung auf dem Lande anbieten, wird sich der eine oder andere Anlass finden lassen, um die Presse mit einer Veranstaltung auf sich aufmerksam zu machen.

Bei solchen Events empfiehlt es sich, die Pressemappe dem Anlass entsprechend zu bestücken. Für Firmen, die schon an Bilanzpressekonferenzen denken dürfen: In die Mappe gehört auf jeden Fall der komplette Geschäftsbericht, die Pressemitteilung, der Unternehmensprospekt sowie ein Statement des Vorstands. Die Printversionen dürfen gerne auch ausführlicher ausfallen, als die Onlinetexte. Wie schon gesagt: Das Leseverhalten im Internet unterscheidet sich deutlich von der Aufmerksamkeit, mit der gedruckte Texte in Zeitungen oder Broschüren gelesen werden.

Checkliste: Sinnvolle Zugaben

Anbei finden Sie Tipps für ein paar sinnvolle »Zugaben«, die Ihre Selbstdarstellung im Pressemenü auf der Website abrunden. Sie sind sozusagen die Kür und passen teilweise auch gut zu kleinen Unternehmen und Institutionen, die von Bilanzpressekonferenzen noch weit entfernt sind:

☑ Signature Story (Eine Vision, die Sie und Ihr Unternehmen vorantreibt)

☑ Sponsoring und soziale Aktivitäten (der Klassiker: Tue Gutes und rede darüber)

☑ Social Media (die Vernetzung mit Facebook, Twitter und Co vermittelt Journalisten einen Eindruck, wie das Unternehmen mit seinen Zielgruppen kommuniziert und – noch wichtiger– wie die Zielgruppen darauf reagieren – auch das schauen wir uns noch ausführlich an)

☑ Interviews mit den Top 3 des Unternehmens (Geschäftsführer, Vorstände Personal und Finanzen)

☑ Interviews mit zufriedenen Kunden.

Presseinfos für alle oder nur mit Nachweis?

Bestimmt ist Ihnen beim Surfen aufgefallen, dass manche Unternehmen eine frei zugängliche Presseseite haben, andere einen Zugangsschlüssel vergeben. Um den zu erhalten, muss sich ein Journalist per E-Mail anmelden. Beispielsweise erlaubt die Presseseite von Daimler Benz dem »Normaluser« nur begrenzt Zugriff auf Pressemitteilungen, Fotos und Informationen. Journalisten, die alle Materialien nutzen möchten, müssen sich ein Passwort geben lassen.

Über Sinn und Zweck des Journalistenzugangs können wir nur spekulieren. Vermutlich sollen Journalisten den Eindruck haben, in den Genuss eines exklusiven Services zu kommen. Da letztlich die Zielgruppe doch wieder der Endkunde sein wird, dem die gleichen Informationen dann in überarbeiteter Form angeboten werden, kann man davon letztlich halten, was man möchte. Wir empfehlen Ihnen einen Blick auf die zugängliche Eingangsseite von Daimler Benz Media. Sie ist wunderbar gegliedert und zeigt anschaulich, was man der Presse alles zur Verfügung stellen kann.

 (Quelle: *http://media.daimler.com/dcmedia*)

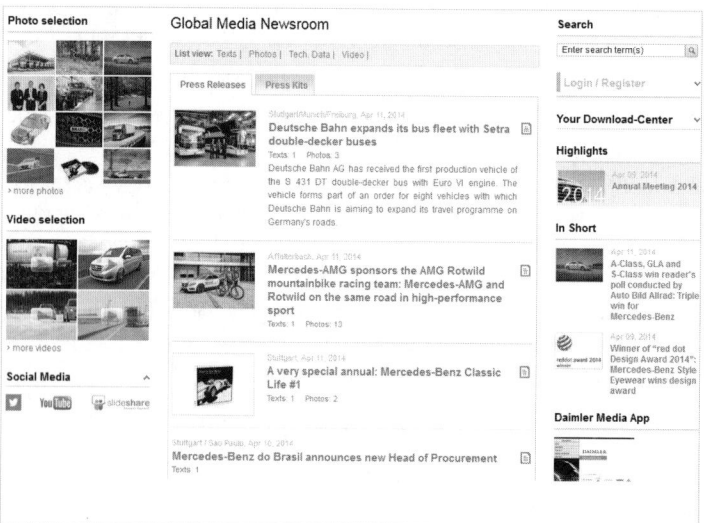

Auch Procter & Gamble hat eine vorbildliche Presseseite:

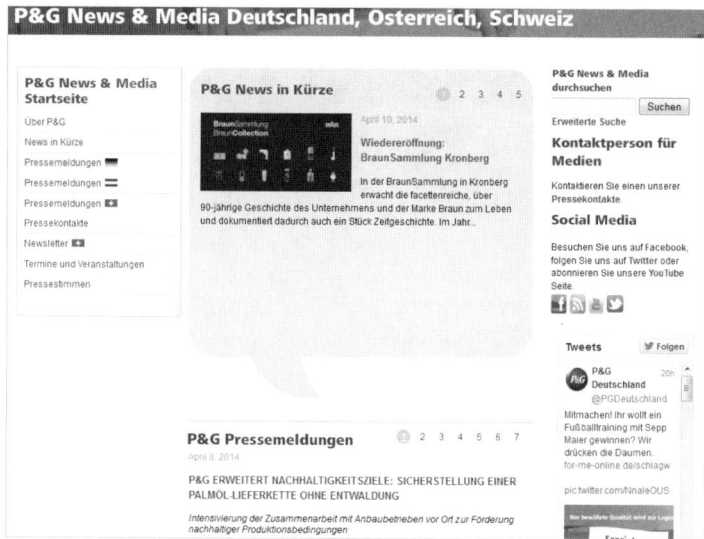

(Quelle: *http://www.pgnewsroom.de/*)

Im Gegensatz zu Daimler hat sich P & G für eine offene Presseseite entschieden. Dort kann man sich sogar ohne eine Registrierung in einen Presseverteiler aufnehmen lassen und entscheiden, über welche Unternehmensbereiche man sich regelmäßig informieren lassen möchte. Das ist für beide Seiten eine gute Lösung. Die Nutzer werden nicht mit Informationen überschwemmt, die sie nicht haben möchten und das Unternehmen erhält über den Abruf von Serviceseiten eine gute Rückmeldung darüber, was die Zielgruppe wirklich interessiert. Bei regelmäßiger Auswertung dieser Daten lässt sich sogar eine Interessenhierarchie abbilden.

Wir empfehlen, sich auch die anderen Bereiche der Website genauer anzuschauen. Wie ein roter Faden zieht sich der erklärte Unternehmenszweck durch alle Menüpunkte – besser geht es kaum.

Zum Schluss möchten wir Ihnen noch die Presseseite von Kununu, einem Portal, auf dem Arbeitnehmer ihren Arbeitgeber bewerten können, ans Herz legen:

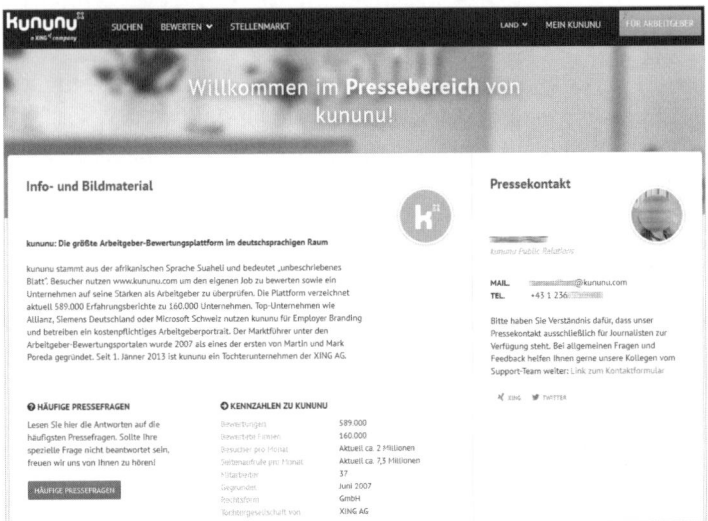

 (Quelle: *http://www.kununu.com/info/presse*)

Wieder ein anderer Weg zur Zielgruppe, wieder sehr gut durchdacht und passend zur Dienstleistung. Wir können es nicht oft genug wiederholen: Genau darauf kommt es an.

Übrigens: Es muss nicht immer eine ganze Presseseite sein! Wenn Sie als Autor, Journalist, Coach oder mit einer ausgefallenen Dienstleistung unterwegs auf Kundenfang sind, reicht auch ein Medienspiegel. Inhalt: Alles was bislang über Sie veröffentlicht wurde oder was Sie selbst publiziert haben. Da gibt es nichts? Auch daran werden wir gemeinsam arbeiten!

Der Berliner Reisejournalist Marc Vorsatz macht es gekonnt vor: Es lohnt sich, seine Website in Ruhe anzuschauen und den einen oder anderen Artikel zu lesen. Wenn es um gekonntes Storytelling geht, kann man kaum ein besseres Vorbild finden. Immer wieder gerne lesen wir den leicht gruseligen Artikel »Sargbrot und Schlangengalle«. Oder »Wie ein Cowboy durch den wilden Westen«. Sie finden beide Artikel unter »Länderreportagen«. Auf gekonntes Storytelling werden wir noch zurückkommen. Das gehört aber schon zur Kür – für den Anfang bleiben wir erst einmal beim Basisprogramm.

(Quelle: *http://www.media-crew-mitte.de/marc/*)

5.2 Journalistische Grundformen

Jede journalistische (Text-)Arbeit beginnt mit W-Fragen: Was? Wann? Wo? Warum? Je umfangreicher die Textform, desto mehr W-Fragen werden integriert. Eine Meldung (Pressemitteilung, Zeitungsmeldung, Veranstaltungshinweis) beinhaltet kurz und bündig die wesentliche Information. Der Stil ist sachlich, klar; ohne Füllwörter oder Bewertungen. Hingegen ist in einem Kommentar die eigene Meinung erwünscht. Der Stil kann nüchtern-sachlich oder witzig sein, ironisch, aber niemals verletzend, rassistisch oder menschenverachtend. In einem Artikel wird ein Thema ausführlich und aus unterschiedlichen Perspektiven behandelt. Der Stil ist dem Thema angemessen, sachlich-nüchtern oder humorvoll. In einen Artikel gehören Fragen wie »wem nützt/schadet etwas, was sagen die Betroffenen dazu, was geschieht im Umfeld« des Sachverhaltes, über den berichtet wird. In einem wissenschaftlichen Fachartikel erwartet der Leser entsprechende Fachtermini, eine klare Sprache, Verweise auf Quellen und verwandte Forschungsergebnisse. Wird für eine Publikumszeitschrift geschrieben, muss der Verfasser diese in eine allgemeinverständliche Sprache übersetzen. Eine gute Reportage zeichnet sich dadurch aus, dass sie zusätzlich zu den Merkmalen, die für den Artikel genannt wurden, auch noch O-Töne beinhaltet. Zitate, lebendige Beschreibungen, sinnliche Erfahrungen und ein eigener Standpunkt des Autors sind hier nicht nur erlaubt, sondern erwünscht. Ein aktiver Wortschatz mit vielen Verben stärkt die Wirkung einer Reportage.

5.3   Vom »Kleinen Schwarzen« zum Komplettoutfit – Die Pressemitteilung

Hoppla- kommen jetzt die Frauenthemen?

Nein, aber diese Analogie zwingt sich geradezu auf! Wir machen uns jetzt nämlich ans Texten für die Presse. Und die Pressemitteilung ist wirklich so etwas wie das »Kleine Schwarze« der Pressearbeit. Passt immer und vereint sämtliche Elemente, die für einen gelungenen Auftritt wichtig sind. Eine Pressemitteilung lässt sich mit anderen Inhalten, die Sie unters PR-Volk mischen möchten, immer wieder zu neuen Kombinationen stylen. Aber bitte beachten Sie das Adjektiv »**neu**«.

Wer die Presse auf sich aufmerksam machen möchte, braucht Neuigkeiten. Und zwar solche, die wirklich von Interesse sind.

»Wir sollten mal wieder in die Presse« reicht nicht. Man muss der Presse auch etwas zu bieten haben. Wie man Neuigkeiten generiert, überlegen wir später (siehe Kapitel »Social Media«) zunächst arbeiten wir »Step-by-Step« und beginnen mit unserem »Kleinen Schwarzen«.

Was möchten Sie der Welt mitteilen?

Das ist die wichtigste aller W-Fragen, wenn es darum geht, eine Pressemitteilung zu verfassen. Die Antwort entscheidet darüber, ob sie gedruckt und weiter verarbeitet wird, oder in den Fluten des Informationstsunamis untergeht. Sie müssen wirklich etwas von Interesse zu bieten haben, damit Ihre Pressemitteilung nicht bereits in Ablage »P« landet, ehe der Redakteur die Überschrift zu Ende gelesen hat.

Aber was ist »von Interesse«?

Dass Sie neue Geschäftsräume bezogen haben, mag Sie seit Wochen beschäftigen. Eine Pressemeldung ist es nicht wert, selbst dann, wenn die Räume von einem ortsansässigen, hoch gelobten Inneneinrichter ausgestattet wurden. Es sei denn, der Grund für Ihren Umzug ist außergewöhnlich und lässt sich mit anderen Inhalten so gut verknüpfen, dass ein »übergeordnetes Interesse« daraus wird.

5.3.1 Ein Beispiel

Fallstudie 1: Pressemitteilung für eine fiktive Physiotherapeuten-Praxis

Lassen Sie uns zunächst einmal gemeinsam einen erfundenen Anlass durchspielen. Oft kommt man dabei auf Ideen für die eigene Pressearbeit.

Schritt 1: Rahmenbedingungen sammeln

Zuerst konstruieren wir die Rahmenbedingungen und sammeln ungeordnet ein paar Informationen:

▸ Sie sind Physiotherapeutin und haben eine neue Praxis in Bonn-Poppelsdorf bezogen.

▸ Ihre neue Praxis ist komplett barrierefrei: Sie liegt im Erdgeschoss, verfügt über breite Türen und Behinderten-WC's, in den Fluren wurden entlang der Wände Stangen zum Festhalten installiert.

▸ In Poppelsdorf gab es bislang keine barrierefreie Physiotherapeutenpraxis. Insgesamt hat Bonn wenig behindertengerechte Arzt- und Therapeutenpraxis zu bieten. Damit liegt die Stadt in einem bedauernswerten Trend: Gemäß einer Studie der Weltgesundheitsorganisation (WHO) aus dem Jahre 2011 haben Behinderte trotz entsprechender Gesetzesvorlagen bislang nur begrenzte Möglichkeiten der freien Arztwahl. Bundesweit gibt es nach wie vor zu wenig behindertengerechte Praxen. Zehn Prozent der Bevölkerung sind auf Barrierefreiheit zwingend angewiesen, 30 bis 40 Prozent brauchen sie als notwendige Hilfe bei der Bewältigung ihres Alltags. (Diese Hintergrundinformationen stammen aus dem Internet und sind die einzigen Aspekte dieses Beispiels, die nicht fiktiv sind.)

▸ In den meisten Praxen fehlen visuelle oder akustische Informationen, die Blinden bei der Orientierung helfen. Praxen sind nicht auf die Anwesenheit von Blindenhunden eingerichtet.

▸ Sie haben der behindertenfreundlichen Einrichtung so viel Aufmerksamkeit gewidmet, weil eine Ihrer besten Freundinnen seit einem Unfall querschnittsgelähmt ist. Sie klagte oft über Schwierigkeiten, die sie bei der Arzt- und Therapeutenwahl hat, weil die Praxen nicht auf die Bedürfnisse von Rollstuhlfahrern eingerichtet sind.

▸ Das Design Ihrer Praxis ist modern, farbenfroh und freundlich – dafür hat ein bekannter Innenarchitekt gesorgt, mit dem Sie befreundet sind. Er hat im Rahmen Ihres Budgets eingekauft, seine Dienste zum Freundschaftspreis erbracht und darf im Gegenzug mit den Fotos Ihrer Praxis werben und bewirbt sich damit um Preise.

Schritt 2: Nach Wichtigkeit sortieren

Im nächsten Schritt geht es darum, die Fakten nach ihrer Wichtigkeit zu ordnen – nach der Bedeutung, die sie für die Öffentlichkeit haben, wohlgemerkt! Für Sie persönlich kann die Bedeutung ganz anders aussehen, daher ist es wichtig, sich vor dem Schreiben in die Rolle des unbeteiligten Lesers zu begeben. Wenn es dann noch gelingt, die wichtigste Information schon in die Überschrift zu packen, sind Sie auf gutem Wege. Beim Schreiben des Textes ist es hilfreich, sich wieder an den W-Fragen entlang zu hangeln.

Schritt 3: Überschrift formulieren

Erste barrierefreie Physiotherapeutenpraxis in Bonn-Poppelsdorf eröffnet

Damit steht die wichtigste Information schon ganz oben.

Schritt 4: W-Fragen beantworten

Wo? In der Schlossstraße 57 wurde mit der Eröffnung einer komplett barrierefreien Physiotherapeutenpraxis eine wichtige Lücke im Gesundheitsangebot der Stadt Bonn geschlossen.

Warum? Trotz entsprechender Gesetzesvorlagen wird Behinderten das Recht auf freie Arztwahl noch immer durch fehlende Hilfsmittel unmöglich gemacht. Das ergab eine Studie der Weltgesundheitsorganisation aus dem Jahre 2011. Darin wurde festgestellt, dass zehn Prozent der Bevölkerung zwingend auf eine barrierefreie Umgebung angewiesen sind, 30-40 Prozent Hilfen zur Bewältigung ihres Alltags benötigen. In Bonn und im Bonner Umland erfüllen derzeit lediglich vier Physiotherapeutenpraxen die entsprechenden Minimalanforderungen. Bestenfalls liegen die Praxen im Erdgeschoss.

Wie und wer? Die Praxis von Beate Niemüller ist ebenerdig und verfügt in allen Räumen über breite Türen, die bequem mit Rollstühlen und Rollatoren zugänglich sind. Patienten, denen das Gehen schwerfällt, werden mit

Handläufen unterstützt, die sich durch die komplette Praxis ziehen. Ein transparenter Empfangscounter, der mit einer Rampe versehen ist, ermöglicht Rollstuhlfahrern und Personal das Gespräch auf gleicher Augenhöhe. Eine Vielzahl der therapeutischen Hilfsmittel ist speziell auf Menschen zugeschnitten, deren Mobilität überdurchschnittlich eingeschränkt ist. Insbesondere wurde auf die Bedürfnisse von Gehörlosen geachtet, für die optische Signale installiert wurden. Auf einem Bildschirm wird angezeigt, wenn die Patienten das Behandlungszimmer betreten können, zusätzlich erscheint ein grünes Licht. Für Blinde gibt es ein akustisches Signal. Auch eine Sitzecke für Blinde, die von ihrem Hund begleitet werden, ist in dieser Praxis zu finden.

Warum? Beate Niemüller wurde durch eine Freundin, die nach einem Unfall querschnittsgelähmt ist, auf Probleme aufmerksam, die Behinderte bei der Arzt- und Therapeutenwahl haben. Den anstehenden Umzug in neue Räumlichkeiten nahm die Physiotherapeutin zum Anlass, die eigene Praxis auf den neuesten Stand zu bringen.

Was noch? Unterstützt wurde sie dabei durch den mehrfach preisgekrönten Innenarchitekten Gero Schneider. Er ist verantwortlich für das freundliche Farbkonzept und die funktionale wie formschöne Ausstattung. Schneider, der das Konzept dieser Praxis als Beitrag für renommierte Designwettbewerbe eingereicht hat, hofft, eine breitere Öffentlichkeit damit für die Idee zu sensibilisieren, dass auch behindertengerechtes Mobiliar ästhetischen Wert haben kann. Er hofft, diese Erkenntnis wird dazu beitragen, dass therapeutische Einrichtungen mittelfristig entsprechend ausgestattet werden. Einhellig betonen Schneider und Niemüller, das Design habe die Ausstattungskosten nicht erhöht. Es läge nur unbedeutend über den Kosten für eine Standardausstattung. Das Mobiliar wurde von einem ortsansässigen Schreinerbetrieb nach gemeinsamen Ideen angefertigt.

Der letzte Absatz (Warum/was noch?) beinhaltet zwar interessante Zusatzinformationen, kann aber auch weggekürzt werden. Andererseits bietet er Ansatzpunkte für weitere Recherchen und wirft »Köder« für interessierte Journalisten aus. Vielleicht interessiert sich ein Journalist für Design im Alltag oder für neue Tätigkeitsbereiche, die traditionelle Handwerksunternehmen in Lohn und Brot bringen. Freie Journalisten sind immer auf der Suche nach Themen, die sich mehrfach nutzen lassen, für sie wäre diese Pressemitteilung eine Fundgrube. Das Wichtigste ist schon erreicht: Alle

Informationen, die unsere fiktive Physiotherapeutin betreffen, sind kurz und knapp in der Pressemitteilung untergebracht. Hangeln Sie sich analog dazu beim Schreiben Ihrer eigenen Pressemitteilung daran entlang.

 Übrigens: Mehr über die Bedürfnisse behinderter Patienten finden Sie auf unserer Quelle: *http://nullbarriere.de/arztpraxis-barrierefrei.htm*.

5.3.2 Übungen für die eigene Pressemitteilung

Übung 19: Dialogisieren Sie!

Jetzt sind Sie dran: Bitte überlegen Sie sich einen Anlass für eine Pressemitteilung aus Ihrem Unternehmen und schreiben Sie ihn auf ein DIN-A4-Blatt. Jetzt lernen Sie eine neue Technik kennen: Dialogisieren.

Stellen Sie sich vor, Sie führen einen E-Mail-Dialog mit einem »Gegenspieler«, der das Thema Ihrer Pressemitteilung für uninteressant hält. Wenn Sie mögen, verwenden Sie dafür Stifte in verschiedenen Farben. Falls es Ihnen leichter fällt, stellen Sie sich eine reale Person vor. Am besten eine von der Sorte, die aus Prinzip immer dagegen ist. Bitte schreiben Sie mit der Hand – Sie wissen schon, die Hand führt direkt ins Unbewusste!

Auswertung: Haben Sie gute Argumente für Ihre Pressemitteilung gefunden?

Falls Ihr Dialogpartner »gewonnen« haben sollte, ist es sinnvoll, über eine Alternative nachzudenken und die Übung noch einmal zu wiederholen. Diesmal allerdings völlig anders:

Übung 20:
Vermeidungsstrategie erfinden: Bloß nicht in die Presse kommen!

Sammeln Sie dieses Mal Ideen, mit denen Sie **verhindern** können, dass die Presse über Sie berichtet. Tun Sie so, als wollten Sie auf keinen Fall, dass etwas über das eine oder andere Thema, das Ihnen gerade unter den Nägeln brennt, an die Öffentlichkeit gelange.

Auswertung: Wie war das? Hatten Sie den »Weiße-Elefanten-Moment«? Das ist normal. Wenn man einem Menschen sagt: »Bitte denke auf keinen Fall an weiße Elefanten«, können Sie sicher sein, dass er genau das tut. Diesen Effekt wollten wir bei dieser Übung erzielen: dass Ihnen pressetaugliche Gedanken kommen, weil sie »verboten« sind. Ehe Sie nun loslegen, bitten wir Sie um einen Zwischenschritt:

Übung 21: Textreflexion

Stellen Sie Ihren Timer auf sieben Minuten und notieren Sie schnell und unsortiert, ohne den Stift abzusetzen, wie Sie die Übungen 18 und 19 erlebt haben und was Ihnen dazu durch den Kopf geht. Sollten Sie dabei ins Stocken geraten, probieren Sie, mit der **ungeübten Schreibhand** weiter zu schreiben. Das verlangsamt, schafft aber noch einmal andere neuronale Verknüpfungen, die zu weiteren Ideen führen können.

Nun haben Sie ganz bestimmt eine brauchbare Idee für eine Pressemitteilung gefunden! Wenn nicht, versuchen Sie eine andere paradoxe Intervention: Schreiben Sie Ihre Pressemitteilung zum Thema: »Grüner Tiger stiehlt rote Tomaten«. Vergessen Sie dabei bitte die W-Fragen nicht. Legen Sie den Text anschließend beiseite und beschäftigen Sie sich erst morgen oder übermorgen wieder mit dem Thema. Sie können auch gerne schon mit dem Thema Fact-Sheet weiterarbeiten.

Übung 22: Bitte formulieren Sie nun Ihre Pressemitteilung.

5.3.3 Checkliste: Pressemitteilungen schreiben

☑ Weckt die Headline Interesse?

☑ Steht die wichtigste Information oben?

☑ Gibt es einen Satz, der Ihr Unternehmen und Ihre Geschäftstätigkeit erläutert?

☑ Ist der Aufbau klar (Was, wo, wann, warum?)

☑ Wurden Superlative und stark wertende Adjektive vermieden?

☑ Wurden alle Fachbegriffe erläutert?

☑ Haben Sie auf Fremdwörter verzichtet?

☑ Gibt es Sätze, die gekürzt werden können?

☑ Ist die Pressemitteilung bequem zu redigieren, kann der Redakteur leicht kürzen oder umschreiben?

☑ Ist eine Sperrfrist nötig? (Zum Beispiel, wenn die Pressemitteilung aus organisatorischen Gründen vor der Praxiseröffnung verschickt wird.)

☑ Wurde aussagefähiges Bildmaterial zur Verfügung gestellt?

Sofern kein medientaugliches Event ansteht, werden Sie Ihre Pressemitteilungen ohne Pressemappe per E-Mail versenden. Damit sie auf dem Schreibtisch des richtigen Redakteurs landet, überprüfen Sie bitte vorab, für welches Ressort sie geeignet ist. Erkundigen Sie sich nach dem Namen und der E-Mailadresse des zuständigen Ressortleiters und schreiben Sie Ihn kurz persönlich an. Dabei ist es wichtig, schon in der Betreff-Zeile neugierig zu machen. Bei unserem Beispiel könnte das folgendermaßen aussehen: Betreff: Pressemitteilung »Barrierefreie Physio-Praxis – mit Körbchen für den Blindenhund«. Das Anschreiben dazu sollte kurz gehalten sein:

»Sehr geehrte Frau Haller, anbei eine Pressemitteilung zur Eröffnung der ersten barrierefreien Physiotherapeuten-Praxis in Bonn-Poppelsdorf. Über eine Veröffentlichung würde ich mich freuen. Mit freundlichen Grüßen Beate Niemüller«.

Meist lohnt es sich, einen Tag später telefonisch anzufragen, ob die Pressemitteilung angekommen ist. Sollte es bei der Zeitung einen personellen Wechsel gegeben haben, können Sie mit der so gewonnenen Information Ihren Presseverteiler aktualisieren und verhindern, dass Ihre Informationen im Redaktionsnirvana verloren gehen. Bei Pressemitteilungen mit Inhalten von überregionalem Interesse lohnen sich manchmal große Aussendungen, die Sie über kostenpflichtige wie kostenlose Pressedienste verteilen können. Entsprechende Adressen finden Sie im Literaturverzeichnis.

5.3.4   Meilenstein

Herzlichen Glückwunsch! Ihr »Kleines Schwarzes« ist fertig.

Sie haben jetzt schon die erste Pressemitteilung erstellt.

Damit verfügen Sie schon über eine solide Basis für Ihre erfolgreiche PR-Arbeit! Was notieren Sie dazu heute in Ihrem Schreibjournal?

5.4   Das Fact-Sheet

Zur Entspannung widmen wir uns nun einer Aufgabe, die Sie in Nullkommanix bewältigt haben werden. Wir legen ein Fact-Sheet an. Wie der Name schon sagt, geht es darum »Ihr Unternehmen auf einen Blick« zu präsentieren, in Zahlen und Fakten. Das darf ruhig eine Stichwortliste sein, die der Journalist beim Schreiben seines Artikels als Gedächtnisstütze verwenden kann. Es macht sich natürlich besonders schön, wenn es im Corporate Design Ihrer Firma gestaltet ist. Ob digital oder Print: Ihr Fact-Sheet ist doppelt wirkungsvoll, wenn es Ihr Logo enthält und – sofern Sie einen Slogan haben – auch dieser integriert ist.

Checkliste: Was gehört aufs Fact-Sheet:

- ☑ Kernsatz zur Unternehmenstätigkeit (Hier können Sie das Ergebnis aus der Übung »Elevator-Pitch« verwenden oder leicht modifizieren)
- ☑ Gründungsjahr, Ort, Gründer
- ☑ Marktposition
- ☑ Jahresumsatz
- ☑ Mitarbeiteranzahl
- ☑ bei produzierenden Unternehmen: Produktionsfläche und Jahresproduktion (Stückzahl)
- ☑ bei Gaststätten oder Hotels: Zimmerzahl, Ausstattung, technisches Equipment (z.B. Veranstaltungstechnik)
- ☑ besondere Serviceleistungen
- ☑ Partnerschaften und Kooperationen
- ☑ bei Institutionen: Verbandsmitgliedschaften
- ☑ Hinweise auf Zertifizierungen
- ☑ Auszeichnungen, sofern vorhanden

Wenn Sie noch ganz am Anfang stehen
Lassen Sie sich von den mächtig klingenden Inhalten nicht verunsichern – Sie werden Ihr eigenes Fact-Sheet nach und nach aufbauen. Bei Ein-Personen-Unternehmen reicht zunächst Ihre Berufsbiografie in Stichpunkten. Heben Sie besondere Qualifikationen oder Veröffentlichungen heraus. Vielleicht sind für Sie auch ganz andere Fakten wichtig: Zeigen Sie Ihr Engagement für die Umwelt oder für Tierrechte, erwähnen Sie Erfahrungen mit berufsspezifischen Verfahren, besonderen Therapieformen oder präsentieren Sie Ihr Unternehmen als familienfreundlich. Aber: Bleiben Sie bei der Wahrheit.

5.5 Storytelling

Menschen lieben Geschichten: Als Kinder tauchten wir tief ein in Märchen und Gute-Nacht-Geschichten, ließen unsere Fantasie beflügeln, wenn Großeltern »von früher« erzählten oder erfanden Geschichten, in denen wir die Hauptdarsteller waren. In der Schule konnten wir uns am besten jene Inhalte merken, die gute Lehrer mit Geschichten oder Anekdoten vermischten, die unser eigenes Leben berührten. Später waren es Filme, Romane, Biografien, die uns immer wieder aufs Neue fesselten und bis heute ergreifen.

Im Rahmen der PR- und Pressearbeit ist Storytelling eine Methode, die Sie in ganz unterschiedlichen Zusammenhängen verwenden können: Für einen Artikel, der die Entwicklung einer Service- oder Produktidee beschreibt, in einer Reportage über den Alltag eines Mitarbeiters mit besonderem Arbeitsgebiet, den Sie als Content für Ihre Website oder Ihren Blog produzieren. (vergl. Kapitel »Contentmanagement«). Storytelling ist aber auch hilfreich, wenn es darum geht, potenzielle Mitarbeiter zu einer Bewerbung zu bewegen, denn je »spannender« ein Unternehmen und ein Aufgabenbereich »rüberkommen«, desto attraktiver erscheinen auch die Arbeitsplätze, die es anbietet.

Viele Menschen haben heute ein Bedürfnis nach »echten« Geschichten und Gefühlen, weil sie wissen, dass im weltweiten Kommunikationsverkehr viel Wind um nichts gemacht und die Wahrheit nicht selten zurechtgebogen wird. Genau da kommt Storytelling ins Spiel.

Storytelling rückt Menschen statt Produkte in den Mittelpunkt. »Gespielt« wird mit der Faszination, die von einem Produkt ausgeht, seinem Nutzen, den Gefühlen, die mit der Verwendung des Produktes oder der Inanspruchnahme einer Dienstleistung verbunden sind. All das wird in einer Geschichte verpackt, die Informationen werden drum herum drapiert.

Drei Beispiele:

5.5.1 Die Cowboystory

Auf Seite 82 haben wir auf die Artikel des Reisejournalisten Mark Vorsatz hingewiesen. Nehmen wir seine Cowboygeschichte, mit der er neben vielfältigen Landesinformationen vor allem Informationen zum Thema Reiturlaub untergebracht hat. Sie beginnt mit dem Menschen, der den Leser durch die Geschichte führen wird:

> *»Dan Nelson, 64, ist Cowboy. Ein Cowboy von Berufs wegen. Und wenn er so der untergehenden Sonne entgegen reitet, auf seinem braunen Mustang, mit Cowboyhut und in Leder-Chaps, vor der gewaltigen Silhouette der Rocky Mountains, ja, dann erinnert dieses Bild schon sehr an den legendären Marlboro-Mann. Nun gut, Dans Profil ist nicht ganz so markant, und seine Schultern sind nicht ganz so breit wie die der Werbe-Ikone. Aber wer Dan reiten sieht, der ist angekommen im Wilden Westen. Es gibt ihn wirklich noch: Von Texas im Süden erstreckt er sich bis hoch in die kanadische Prärie.*
>
> *Und in seiner Mitte, in den Rockies zwischen Alberta und Montana, zeigt er sich von seiner wildesten und schönsten Seite.«*

(Quelle: Marc Vorsatz, in: Die Welt 12.5. 2012)
»Wilder Westen ganz zahm. Bei Cowboys am Lagerfeuer«

Anschließend erzählt er von der Landschaft, mischt geschickt Zahlen und Fakten unter und landet am Ende wieder bei unserem Cowboy, der sein Geld heute nicht mehr beim Viehtrieb verdient, sondern mit der Betreuung naturhungriger Städter.

Wer schon immer gerne einmal ein Land auf dem Pferderücken erschließen wollte, wird beim Lesen ein unbändiges Kribbeln erspüren – Plan erfüllt. Das Produkt, der »Reiturlaub in Nordamerika« wird an keiner Stelle offensichtlich »verkauft«. Aber in einem Übersichtskasten im Text sind die Kontaktdaten des Reiseveranstalters zu finden – für alle Leser, die sich nun genauer über eine solche Reise informieren möchten.

5.5.2 Nutella-Werbung

Familie Mustermann sitzt beim Frühstück. Als die ca. 15-jährige Tochter in den Raum schwebt, lässt der Blick des Vaters vermuten, die Tochter müsse wohl über Nacht zum Teenager mutiert sein. Und obwohl ihm mit dem Auftauchen eines gleichaltrigen Knaben klar wird, die Rolle als wichtigsten Mann in ihrem Leben die längste Zeit gehabt zu haben, bleibt Vater und Tochter doch etwas Verbindendes: der morgendliche Biss ins Nutellabrot.

An keiner Stelle wird in diesem Spot ein Wort über die Vorzüge von Nutella verloren. Und dennoch weiß der Zuschauer instinktiv: Alles im Leben verändert sich – aber der Geschmack von frischen Nutellabrötchen ist ebenso verlässlich wie die Zuneigung der Eltern.

5.5.3 Miteinander wachsen – Darius und Laura

Mit unserem letzten Beispiel nehmen wir uns die Freiheit, uns einmal selbst zu zitieren. In unserer Fictionage zur Kunst- und Kreativitätstherapie, einer Mischung aus Sachbuch und Prosa, die wir nach Besuch von Weiterbildungen beim Deutschen Institut für Entspannungstechniken und Kommunikation (IEK Berlin) verfasst haben. Darin tauscht sich das Therapeutenpaar Laura und Darius per E-Mail über Erfahrungen als Kursteilnehmer (Darius) und als Kursleiterin (Laura) aus. Laura hat bereits eine Kunsttherapeutenausbildung am IEK Berlin absolviert und unterrichtet auf La Gomera eine multilinguale Kinderschar. Darius steckt noch mitten in der nebenberuflichen Ausbildung. Im folgenden Textauszug schildert Darius eine Unterrichtssequenz:

»Heute sind wir mit dem verheißungsvollen Konzept »Metamorphosen« in den Tag gestartet. Claas teilte zuerst Ton aus und bat uns, eine Kugel zu formen. Dann sollten wir uns im Kreis aufstellen und unsere Kugeln kreisen lassen.

Mit geschlossenen Augen galt es zu erkennen, wann unsere Kugel wieder bei uns angelangt war. Ich hätte es nicht für möglich gehalten, aber es hat geklappt! Offensichtlich hatten alle ein Gefühl für ihre Kugel entwickelt. Erstaunlich, oder? Claas wollte uns damit verdeutlichen, wie stark wir uns unbewusst mit unserem Produkt identifizieren. Diese Erfahrung sei wichtig, meinte er, um den Werkstücken unserer Klienten mit dem nötigen Respekt zu begegnen. (...) Stell Dir vor, insgesamt haben wir heute schon drei (Skulpturen) gemacht, plus jeweils ein Bild dazu gemalt. Bei all diesen Übungen geht es darum, zuerst Gefühle auszudrücken, dann eine Veränderung des Gefühls herbei zu führen – durch das eigene Tun und die Gedanken, die einem beim Tun bewegen. Ich glaube, das ist wohl die Grundidee der Gestalttherapie: Erlernen, eine Veränderung leben, sich dabei aber selbst treu bleiben«

Hier erfahren potenzielle Ausbildungsinteressenten, wie es in einer solchen Ausbildungsgruppe zugeht, was es konkret bedeutet, sich als künftiger Therapeut auf learning-by-doing einzulassen.

An einer anderen Stelle wird vermittelt, wie man eine kunsttherapeutische Sitzung plant, bzw. welche Aspekte im Vorfeld berücksichtigt werden sollten. Laura berichtet Darius über die Probleme einer Freundin und bittet ihn zu überlegen, was deren Entwicklung unterstützen könnte:

»(...) Du hast geschrieben, dass Mey mit Malen gute Erfahrungen gemacht hat. Also würde ich in dieser Situation ganz »blind« damit beginnen. Und zwar so großformatig wie möglich. Dazu würde ich den Boden mit einem überdimensionalen Stück Leinwand bedecken und ihr sowohl Gouachen, als auch Pastellkreiden für die Arbeit bereitlegen. Ich würde sie zunächst bitten, sich für Personen, die in ihrem Leben wichtig waren, eine Farbe auszusuchen, von der sie denkt, dass sie diese repräsentieren. Diese Farben kann sie in beliebige Formen bringen und auf dem Blatt verteilen. Anschließend würde ich sie bitten, eine Farbe für sich selbst zu wählen und auch diese auf die Leinwand zu bringen. Als nächste Aufgabe bäte ich sie, farbliche Verbindungen zwischen den Personen herzustellen und darauf hinweisen, das dazu auch das Alternativmaterial (die Pastellkreiden) verwendet werden kann, aber nicht muss. Für die erste Sitzung wäre das genug«.

Wer sich für eine kunsttherapeutische Ausbildung interessiert, erfährt in dieser Fictionage also nicht nur einiges über die Inhalte, sondern auch über theoretische und praktische Fragestellungen, die während einer Therapie auftreten können.

Wir haben diese drei Passagen ausgewählt, weil sich daran gut zeigen lässt, wie unterschiedlich man Storytelling einsetzen kann, wenn man verschiedene Intentionen miteinander verbinden möchte: In der ersten Passage geht es vornehmlich darum zu präsentieren, was bestimmte Prozesse bewirken können, in der zweiten werden Ausbildungsinhalte und deren Anwendung vorgestellt. Die Beschreibung soll Interessenten bei der Entscheidung unterstützen, eine Ausbildung zu beginnen oder sie für sich zu verwerfen.

Fazit: Storytelling ist eine großartige Methode

‣ um Produkte zu bewerben, ohne das Produkt in den Mittelpunkt zu stellen,

‣ Daten, Fakten und umfangreiche Informationen unterhaltsam zu vermitteln

‣ Fakten mit Emotionen zu verknüpfen und damit sicherzustellen, dass sie länger erinnert werden und um

‣ abstrakte Inhalte lebensnah darstellen zu können.

Eine Geschichte ist dann gut erzählt, wenn die Leser auf der Gefühlsebene erreicht werden!

5.6   Die Signature-Story – ein Anwendungsfall für gutes Storytelling

Nun befassen wir uns mit einem Thema, das ganz eng mit dem Bereich Storytelling verknüpft ist. Es geht um die Aufgabe, den Gründungsmythos Ihres Unternehmens in eine Geschichte zu verpacken.

Bei der Signature-Story stehen Sie als Person im Mittelpunkt der Unternehmensgeschichte, sofern Sie der Geschäftsgründer oder die Gründerin sind. Wenn Autor und Protagonist nicht identisch sind, wird aus der »Er-« oder »Sie-Perspektive« heraus berichtet.

Köpfe bewegen, Herzen erobern und Berge versetzen

Sind Sie der Firmengründer, geht es um Ihre Motivation, um die Schlüsselstory zu Ihrer Geschäftsidee. Selbst wenn Sie den 100. Pizzaladen eröffnet haben, gibt es sicher einen Grund dafür, dass Sie spürten: Ich werde etwas Besonderes bieten. Führen Sie also ein Interview mit sich selbst oder mit der Unternehmensgründerin, falls sie »nur« für die PR-Arbeit des Unternehmens zuständig sind.

Worum es beim Erzählen einer solchen Geschichte geht, wird auf der Website der Werbeagentur Three-Headed-Monkey treffend formuliert:

»(...) Sie bewegen Köpfe. Erobern Herzen. Versetzen Berge.«

(Quelle: *http://www.threeheadedmonkeys.com/de/about.html*)

Die Agentur verwendet Konzepte des Storytellings, um mit ihren Kunden die Entwicklung des Unternehmens voranzutreiben, Produkte zu vermarkten, Innovationen anzustoßen. Die »Monkeys« sind uns bei der Suche nach Unternehmen mit guten Signature Stories aufgefallen. Noch gibt es davon nicht so viele. Und genau das ist eine Ihrer Chancen: Profilieren Sie sich, indem Sie Ihre Geschichte so erzählen, dass Ihre Leser berührt oder begeistert sind.

Ehe wir Ihnen die Signature Stories der beiden Geschäftsführer von Three-Headed-Monkeys präsentieren, bitten wir um einen Augenblick Geduld und um eine kleine Vorübung:

Übung 23: Bauchgefühl, was spricht Dich an?

Schreiben Sie eine kleine Geschichte über eine Kaufentscheidung oder die Auswahl eines Dienstleisters, bei der Sie sich für eine teurere Lösung entschieden haben, die ausschließlich durch Ihr Bauchgefühl zustande kam. Was gab den Ausschlag? Eine freundliche Beratung? Das Produktimage? Etwas völlig anderes?

Bitte konzentrieren Sie sich dabei auf die Situation und auf Ihre Gefühle. Schreiben Sie die Geschichte aus der Perspektive eines allwissenden Erzählers und begeben Sie sich in die »Sie-« oder »Er-Perspektive«: Als Erzähler wissen Sie genau, was Ihr Alter-Ego denkt und fühlt. Übrigens: In Autorenkreisen nennt man das eine auktoriale Erzählhaltung.

Zur Strukturierung schlagen wir das typische Muster einer Short-Story vor: Sie starten mitten in einer Alltagsbegebenheit und geben Ihrem Protagonisten ein Problem mit auf den Weg. Während er seine Lösungsoptionen in Erwägung zieht, taucht eine Erkenntnis auf, die sein Denken verändert – vielleicht sogar sein Leben. Das ist der Höhepunkt der Geschichte. Von diesem Moment an geht es schnell dem Ende der Geschichte zu. Das darf offen bleiben – wenn Ihr Protagonist ein Regal gekauft hat, muss er es zu Hause nicht mehr aufbauen. Nehmen Sie sich für diese Übung 15 Minuten Zeit.

Brauchen Sie Hilfestellung? In wenigen Sätzen erzählt, könnte die Kurzfassung einer solchen Geschichte folgendermaßen aussehen: Thomas ist Schnäppchenjäger und stolz darauf. Seine Möbel hat er immer bei einem Billiganbieter gekauft und jetzt schleppt ihn seine neue Freundin in ein teures Möbelhaus. Der Ausflug artet in Streit aus, bis ein freundlicher Verkäufer sich einmischt und eine Frage stellt, die Thomas berührt. Plötzlich weiß er, warum er immer dachte, er dürfe sich nichts gönnen. Befreit durch diese überraschende Einsicht kauft er das teuerste Möbelstück seines Lebens und ist glücklich.

> Und nun sind Sie an der Reihe! Konstruieren Sie eine Alltagssituation oder »literarisieren« Sie eine Erfahrung. Das geht ganz schnell: Ein Mann wird zur Frau, aus der Großstadt ein kleines Dorf, aus der Autowerkstatt ein Heimwerkermarkt – und schon kann es losgehen.

Fällt Ihnen beim Lesen Ihrer eigenen Geschichte etwas auf? Wenn ja, notieren Sie es in Ihrem Schreibjournal. Wenn Sie mögen, lesen Sie Ihre Notizen noch einmal, nachdem Sie die Signature Stories der beiden Geschäftsführer von Three Headed Monkeys gelesen haben.

Beispiel: Zwei Geschäftsführer erläutern ihre Motivation
Christian Riedel, Gründer & Geschäftsführer:

»Ich saß im Flugzeug nach Los Angeles. Die meisten Passagiere schliefen bereits. Meine Augen waren auf den Fernseher in der Mitte des Ganges gerichtet. Ich sah »Marley and Me«. Eine rührselige Komödie über eine Familie, die auf den Hund kommt. Als Marley am Ende in den Armen seines Herrchens für immer einschläft, schniefte ich heimlich in meinen Pullover. In diesem Moment ist mir wieder klar geworden, worum es bei Geschichten geht: Menschen wirklich berühren.

Mir wurde bewusst, dass diese magischen Momente meine Passion für Geschichten antreiben, der ich schon lange folge. Als Jugendlicher in einer hessischen Kleinstadt reiste ich durch vergessene Reiche und fremde Galaxien. Ich habe Captain Kirk die Hand geschüttelt. Um die Magie zu verstehen, habe ich dann Medienwis-

senschaften und Video-Game-Theorie studiert. Mir wurde auch bewusst, wie schnell solche Momente verloren gehen. Als Kommunikationsstratege und Konzepter habe ich für Agenturen und namhafte Kunden gearbeitet. Dabei habe ich immer wieder erlebt, wie schnell Empathie und emotionale Berührung hinter Botschaften, Mechaniken, ROI und Analytics verschwinden. Und als der Abspann lief, wusste ich, dass es Zeit war aus der Passion etwas zu machen«.

Valentin Heyde, Gründer & Geschäftsführer:

»Das Wunder geschah irgendwann ein paar Monate vor dem dritten Geburtstag meiner Tochter. Wir saßen im Wohnzimmer, meine Tochter hatte ein paar Puppen um sich versammelt. Plötzlich biss Paulchen Marie in den Arm. Meine Tochter schimpfte, wollte dass Paulchen sich sofort entschuldigt, bat mich um Hilfe. Kleine Wesen aus Plastik und Stoff lebten, weinten, wollten unsere volle Aufmerksamkeit. Ich saß beobachtend dabei, tat, was meine Tochter mir auftrug, spielte nach ihren Regeln mit.

Sie ist eine geborene Geschichtenerzählerin. Wie jedes Kind. Hungrig nach Geschichten, ob selbst erfunden oder konsumiert.

Offensichtlich bin ich bis heute noch nicht satt. Und suche seit Beginn meines Arbeitslebens nach dem besten Nahrungsangebot. Meine Neugier trieb mich nach dem Abitur in den Journalismus. Als Freelancer studierte ich dann Psychologie und Politik (oder auch Geschichten im Großen und im Kopf des Einzelnen). Zum Höhepunkt der ersten Internetblase entwickelte ich erste Story-Formate fürs Web und produzierte Internetfernsehen für AOL Deutschland. Über zehn Jahre als Kommunikationsberater haben sich angesammelt. Dabei hatte ich das Glück mit verschiedenen Unternehmen wie AOL, H&M, HypoVereinsbank oder Xing zu arbeiten, schrieb Geschichten für Medienunternehmen wie das FOCUS Magazin und half jungen Startups bei den ersten Schritten in die Marketing- und PR-Welt.

Mein Hunger nach Geschichten führt mir immer wieder deren Kraft vor Augen. Diese Kraft treibt mich an, macht mich glücklich, lässt mich mitfühlen, und manchmal macht sie mir auch einfach Angst.«

Wir zitieren diese beiden Menschen so ausführlich, weil sie mit völlig unterschiedlichen Begebenheiten so klar machen, worum es bei einer guten Signature Story geht:

Im Mittelpunkt steht immer ein Mensch, der sich mit all seiner Begeisterung und großem Engagement für eine Idee, ein Angebot oder eine Dienstleistung stark macht.

Sie vermittelt dem Leser einen Eindruck davon, mit wem er es zu tun hat, was dieser Person wichtig ist im Leben und wie er seine Träume oder Überzeugungen umsetzt.

Weil sie um Lebenssituationen und Vorlieben einer Person aufgebaut ist, kann eine Signature Story nicht kopiert werden, sie bleibt einzigartig. Eine gute Signature Story zieht den Leser an – hin zu dem Menschen und vielleicht auch zu seinen Produkten oder Angeboten.

Ist Ihnen bei den beiden Geschichten das offene Ende aufgefallen? Nach der Lektüre der Signature Stories hatten wir das Gefühl, da sei jemand unterwegs zu neuen Gefilden, man dürfe gespannt sein, was als nächstes geschieht. Und ja, man möchte eine Fortsetzung hören! Wer es schafft, die Zielgruppe neugierig zu machen. darf sicher sein, dass sie Ihre Website immer wieder nach Neuigkeiten durchstöbern wird.

5.7   Stoffsammlung anlegen

Welche Geschichten schlummern in Ihrem Unternehmen? Bitte fertigen Sie eine Liste mit Situationen aus Ihrem Berufsalltag an, aus der sich Geschichten entwickeln ließen. Erlaubt ist alles, was sympathisch macht. Führen Sie diese Liste in den kommenden Tagen weiter, denn wir benötigen sie später, um »News« zu generieren.

Ihre Funde werden Ihnen bei der Beschäftigung mit Content, den Themen und dem Inhalt für »Newsletter« und »Kunden- und Mitarbeiterzeitschriften« nützlich sein. Ideen müssen reifen, deshalb ist es ratsam, so früh wie möglich so viele wie möglich zu sammeln. Bitte vergessen Sie dabei nicht, dass auch die eigenen Mitarbeiter Geschichten lieben. Beispielsweise Erlebnisse aus dem Außendienst, von Messen oder im Kundendienst.

Musenküsse brauchen Zeit

Entspannung für alle, die nicht mal eben eine Geschichte aus dem Ärmel schütteln oder sich nicht für die geborenen Geschichtenerzähler halten: Das sind die Wenigsten. Meist ist es nämlich so, dass Geschichten sich allmählich entwickeln. Dafür gibt es sogar belegte Prozessabfolgen. Je nach wissenschaftlicher Blickrichtung werden diese Stufen unterschiedlich bezeichnet, beinhalten aber immer die gleichen Prozesse. Wir beziehen uns hier auf den Philosophen Ernst Bloch:

1. Inkubation (etwas fällt auf)
2. Inspiration (Konzentration auf ein Detail)
3. Explikation (Gestaltungsphase)
4. Überarbeitung

Also: Entspannen Sie sich und lassen Sie der Muse Zeit. Sie wird Sie schon rechtzeitig küssen.

5.8   Das Interview

Während Ihre Ideen in aller Ruhe schmoren, wenden wir uns entspannt dem nächsten Stück des Presseoutfits zu: Dem Interview.

Grundsätzlich ist es bei diesem Thema wichtig zu unterscheiden, ob ein Journalist um ein Interview gebeten hat, oder ob Sie ein Interview für Ihre Pressemappe vorfertigen.

Da wir uns hier mit der Pressemappe beschäftigen, nur ein paar kurze Worte zum angefragten Interview: Ruft ein Journalist an und bittet um ein Interview, ist es wichtig, sich möglichst gut auf eventuelle Fragen vorzubereiten, Daten und Fakten parat zu haben und – wenn nötig – auch passende Formulierungen für unangenehme Fragen in Petto zu haben. Bitten Sie den Journalisten, Ihnen das Interview vor der Veröffentlichung zur Freigabe zu schicken. Er muss das nicht tun, manche werden die Bitte auch zurückweisen, aber einen Versuch ist es wert. Schließlich möchten Sie gut dabei wegkommen und nicht mit unbedachten Äußerungen zitiert werden. Ist das Endprodukt schließlich veröffentlicht, gehört es in die Sammlung »Pressestimmen« oder »Medienspiegel« – in der Pressemappe und im Internet.

Bitte nur zu Wort melden, wenn Sie wirklich etwas zu sagen haben

Bei Interviews, die Sie selbst in der Hand haben, bestimmen Sie, wo es lang gehen soll. Sie allein sind Herr oder Herrin über die Inhalte. Doch auch hier gilt die goldene Regel der Pressemitteilung: Bitte nur zu Wort melden, wenn man wirklich etwas zu sagen hat.

Ein Großunternehmen hat es einfacher als ein kleines oder ein Anbieter einer Ein-Mann-Dienstleistung. Bilanzpressekonferenzen, Verlagerungen von Produktionsstätten und andere relevante Wirtschaftsthemen sind regionalen wie überregionalen Zeitungen immer ein Interview wert. Auch vorgefertigte Interviews, die im Rahmen einer gut durchdachten PR-Kampagne entstehen, werden gern gedruckt. Voraussetzung: Es handelt sich wirklich um ein wichtiges Thema, Prominenz ist involviert und/oder das Unternehmen macht auf einen bemerkenswerten Umstand aufmerksam. Procter & Gamble beispielsweise hat im Rahmen der aktuellen Werbekampagne für »Pampers« einen Vertrag mit der Entertainerin Barbara Schöneberger abgeschlossen: Die zweifache Mutter reist als »Aktionsbotschafterin« für Pampers durch Afrika, wo das Unternehmen Tetanusimpfungen für junge Mütter und deren Kinder sponsert. Dieses Engagement wird sowohl in die aktuellen Werbespots integriert (Stand: November 2013), als auch mit Pressmitteilungen, Artikeln und Interviews flankiert.

5.8.1   Beispiel: Procter & Gamble

Pressearbeit in Verbindung mit Produktmarketing und Sponsoring – ein Interview mit Barbara Schöneberger

 (Textauszug, Quelle: Procter & Gamble)

> **Sie haben in diesem Jahr im Rahmen der Aktion »1 Packung = 1 lebensrettende Impfdosis*« viele Mütter und ihre Babys aus Madagaskar getroffen. Worum geht es genau bei der Initiative von Pampers für UNICEF?**
>
> *»Der Traum aller Eltern auf der ganzen Welt ist es, dass das eigene Baby gesund auf die Welt kommt und so einen guten Start ins Leben hat. Ich bin selbst Mutter von zwei Kindern und kann diesen Wunsch gut nachvollziehen. Bei uns in Deutschland sind Impfungen gegen Tetanus Routine, in einem Entwicklungsland wie Madagaskar sieht die Situation aber ganz anders aus. Madagaskar ist eines von ins-*

gesamt 30 Ländern, in denen Mütter und ihre Babys tagtäglich immer noch mit dieser Infektionskrankheit konfrontiert werden. Aus diesem Grund gibt es die Aktion von Pampers für UNICEF »1 Packung = 1 lebensrettende Impfdosis*«, die sich im Kampf gegen Tetanus bei Neugeborenen einsetzt. Für jede Packung Pampers mit UNICEF-Logo unterstützt Pampers UNICEF von Oktober bis Dezember 2013 mit dem Gegenwert einer Tetanus-Impfdosis. Seit 2006, dem Beginn der Partnerschaft, ist es Pampers bereits gelungen, den Gegenwert von 300 Millionen Impfdosen an UNICEF zu spenden. Das bedeutet, dass seit sieben Jahren alle zwei Sekunden eine Mutter und ihre Kinder gegen Tetanus geschützt werden konnten.«

Warum unterstützen Sie die Aktion von Pampers für UNICEF?

»Mir ist es wichtig, mich für die Menschen einzusetzen, denen es nicht so gut geht, wie mir selbst. Dafür ist das Projekt ideal, denn es ist langfristig angelegt. Seit sieben Jahren gibt es bereits die Initiative von Pampers für UNICEF und die Erfolge zeigen, dass wir auf dem richtigen Weg sind. In zehn Ländern** konnte Tetanus bei Neugeborenen dank der Aktion bereits besiegt werden und die Kinder dort sind einer gesunden Zukunft wieder ein Stückchen näher gekommen. Nichtsdestotrotz sterben immer noch jährlich 58.000 Babys an dieser schlimmen Krankheit und dagegen können wir etwas tun! Jeder einzelne Beitrag zählt, damit wir unser Ziel, Tetanus bei Neugeborenen weltweit zu besiegen, erreichen können.«

Am Ende des Interviews fügte das Unternehmen Zusatzinformationen ein, die auch auf allen Pressemitteilung zum Produkt »Pampers« zu finden sind:

»* Mit jedem Kauf einer Packung Pampers mit UNICEF-Logo unterstützt Procter & Gamble UNICEF im Kampf gegen Tetanus bei Neugeborenen mit € 0,054 [bzw. 0,06 CHF]. Dieser Betrag entspricht z.B. den Kosten einer Tetanus-Impfdosis oder unterstützt ihre Verteilung. Während einer Schwangerschaft sind nur zwei solcher Impfungen erforderlich, um Mutter und Kind während der Geburt zu schützen. Mütter sind danach mindestens drei Jahre, Neugeborene die ersten zwei Monate ihres Lebens, geschützt. Weitere Informationen unter www.pampers.de oder www.unicef.de. UNICEF bevorzugt keine Marken oder Produkte.«

Wir haben diesem Beispiel so viel Raum eingeräumt, weil es einerseits zeigt, dass eine großangelegte PR-Kampagne am besten wirkt, wenn verschiedene Medien und Werbeformen miteinander verzahnt werden. Die Werbebranche hat dafür den Begriff »Crossmedia« erfunden. Das Interview mit Frau Schöneberger ist außerdem ein Paradebeispiel eines vorgefertigten Interviews: »Echte« Informationen über ein soziales Problem (Säuglings- und Müttersterblichkeit in Afrika aufgrund von Tetanuserkrankungen) werden mit Infos zum Unternehmenssponsoring und der damit verbundenen Unternehmensphilosophie verknüpft. Der folgende Satz, komprimiert wie in unserer Übung »Elevator-Pitch«, mag das verdeutlichen:

> »Es ist unser Ziel, Markenprodukte und Dienstleistungen von überlegener Qualität und hohem Nutzen anzubieten, die das Leben der Verbraucher verbessern – jetzt und für zukünftige Generationen. Innovationen sind daher entscheidend für unseren Erfolg.«

 (Quelle: http://www.pgnewsroom.de/daten-und-fakten)

Für Kleinstunternehmer ist ein Interview nur als Teil eines Kommunikationskonzeptes sinnvoll

Was aber tun, wenn man »nur« ein Ein-Personenunternehmen ist? Welches Medium möchte dann schon ein Interview haben, zumal, wenn das Unternehmen oder die Dienstleistung völlig unbekannt ist? Lohnt es sich überhaupt, sich mit dem Thema Pressearbeit und insbesondere dem Interview auseinander zu setzten?

Ja, unbedingt! Gerade als Ein-Personenunternehmer können Sie ein Interview im Verbund mit anderen PR-Aktivitäten großartig nutzen, um Ihre Person, Ihr Gesicht mit einer Botschaft zu verbinden. Selbst dann, wenn Sie bislang wenig mehr als eine geniale oder selbst eine nicht mehr ganz neue Geschäftsidee zu bieten haben.

Ehe Sie sich selbst interviewen oder dies einen Menschen Ihres Vertrauens machen lassen, ist es ratsam, eine Strategie zu entwickeln.

Orientieren Sie sich wieder an den W-Fragen:

- ‣ Wozu möchte ich das Interview nutzen?
- ‣ Was sind meine wichtigsten Anliegen?

▸ Wann ist der günstigste Zeitpunkt, jemanden dafür zu interessieren?

▸ Wo gibt es ein Thema, an das ich mich »anhängen« könnte, in dem ich mich als Experte für einen Aspekt darstellen kann?

Sie haben noch keine Idee, wie das funktionieren könnte? Macht nichts. Dann erfinden wir jetzt einfach ein Einpersonenunternehmen und schaffen einen Anlass für ein Interview. Klingt viel zu aufwändig? Warten Sie es ab! So ein Planspiel eignet sich manchmal auch, um zu einer komplexen PR-Strategie zu gelangen.

Bitte begeben Sie sich mit uns in die Rolle der Ernährungsberaterin Kati Schlemmer. Nebenbei notieren Sie spontane Ideen und Einfälle für Ihr eigenes Unternehmen, die während der Lektüre auftauchen, in Ihrem Schreibjournal.

Fallstudie 2: PR-Strategie der Ernährungsberaterin Kati Schlemmer

Bei dieser Fallstudie haben wir es wieder mit einer fiktiven Person zu tun. Ihre Geschichte ist zwar komplett erfunden, könnte sich aber so zugetragen haben.

Wir haben uns beim Schreiben in die Perspektive einer jungen Frau versetzt, die noch wenig Erfahrung mit ihrer Selbständigkeit hat, aber ihren Ideen vertraut.

Unsere Protagonistin Kati Schlemmer bietet Ernährungscoachings, Seminare und Nordic-Walking-Kurse an. Sie hat ihre Ausbildung erst kürzlich abgeschlossen. In den Läden der Nachbarschaft und über Freunde und Bekannte hat sie Flyer verteilt, doch bislang ist die Nachfrage enttäuschend gering. Obwohl der Themenbereich Ernährung und Abnehmen aus den Medien nicht wegzudenken ist und inzwischen auch die meisten Fitnesscenter Ernährungsberatung anbieten, steht Katis Telefon still. Dabei bietet sie neben individueller Betreuung während des Abnehmens und Begleitung bei sportlichen Aktivitäten auch spezielle Kochkurse an – für Einzelpersonen, Paare, Freundeskreise und Eltern-Kind-Kurse.

Besonders die Eltern-Kind-Arbeit liegt Katie am Herzen. Angesichts der zunehmenden Fettleibigkeit sehr junger Menschen müsse dringend mehr als theoretische Aufklärung geboten werden, meint sie. Doch gerade bei dieser Zielgruppe stößt sie auf Granit: Kinder hassen Gespräche über gesunde Ernährung, weil man ihnen in der Regel mit erhobenem Zeigefinger die Gefahren von Süßigkeiten, Hamburgern und Co. vorbetet. Viele Eltern scheuen den vermeintlichen Mehraufwand, der mit gesundem Kochen verbunden ist. Katie würde gerne zeigen, dass der Zeitaufwand geringer ist, als die meisten Menschen denken. Darüber könnte sie stundenlang reden!

Als sie Anfang Oktober durch ein Kaufhaus schlendert, fallen ihr überall Halloweenkostüme und Dekorationen ins Auge. Und plötzlich weiß sie: Der Oktober wird mein Monat sein. Ich mache was mit Kürbissen – ein Halloweenevent.

(Haben Sie es bemerkt? Wir haben gerade eine Signature Story für unsere Kati erfunden.)

Die wenigsten Menschen wissen, dass es bei uns über 200 Kürbissorten im Handel gibt – und noch weniger wissen, welch unterschiedliche Leckereien sich daraus machen lassen – das könnte doch ein Ansatz sein, überlegt Kati. Mutig mietet sie eines der vielen Kochstudios an, die gern von Unternehmen für Weihnachtsfeiern gemietet werden und beginnt andere für ihre Idee zu begeistern:

Gegen den Betrag x sollen Eltern und Kinder nicht nur unbekannte Kürbissorten und Rezepte kennenlernen, sondern diese auch noch individuell abwandeln und in einem Kochbuch festhalten. Eine befreundete Autorin schlägt vor, mit den kochenden Familien zwischendurch kleine Schreibspiele durchzuführen und sie zum Verfassen von Kürbis- oder Koch-Geschichten und -Gedichten zu animieren, damit das Buch noch attraktiver wird. Kati ist begeistert, schließlich soll das Buch noch vor Weihnachten in Biomärkten verkauft und der Erlös einer Einrichtung gespendet werden, die sich nach der Schule um Kinder aus benachteiligten Elternhäusern kümmert.

Mit Ihrer Begeisterung steckt Kati zuerst Freunde und Bekannte an, dann kann sie eine bekannte Bioladen-Kette begeistern, die sich bereit erklärt, einen Teil der Kürbisse zu sponsern. Auch an den Druckkosten beteiligt sich die Kette und übernimmt den bundesweiten Vertrieb, denn das Unternehmen ist in allen deutschen Großstädten präsent.

Natürlich will auch die Bioladen-Kette die Idee für ihre PR-Arbeit nutzen. Daraus entwickelt sich eine klassische Win-Win-Situation: Kati erhält finanzielle und organisatorische Unterstützung, das Unternehmen bekommt eine gut durchdachte Image-Kampagne »Frei Haus«. Als bundesweit agierende Kette verfügt der Bioladen über eine PR-Abteilung, die Kati einen Teil der Pressearbeit abnimmt. Sie versendet im Vorfeld der Aktion über den hauseigenen Verteiler Pressemitteilungen und hilft Kati bei der Vorbereitung ihres Interviews.

Übung 25: Kurze Trainingseinheit

Wie könnte die Pressemitteilung von Katie Schlemmer aussehen? Bitte schreiben Sie eine halbe Seite.

Und so könnte ein Interview mit unserer Ernährungsberaterin aussehen:

Beispiel: Interview mit Kati Schlemmer

Turbo-Jungunternehmerin stampft Halloween-Hilfsaktion für unterprivilegierte Kinder aus dem Boden

Für viele Berliner Kinder bleibt bei der Frage »Süßes oder Saures« nur ein bitterer Nachgeschmack. Der jüngste Armutsbericht legt offen, dass in der Hauptstadt jedes dritte Kind von Hartz IV lebt. Für viele von ihnen ist ein regelmäßiges Mittagessen keine Selbstverständlichkeit. Und wenn, dann ist die Ernährung selten gesund.

Dabei muss gesundes Essen nicht teuer sein, weiß die Berliner Ernährungsberaterin Katie Schlemmer. Mit Unterstützung der Biomarktkette »Naturgut« startete sie zu Halloween eine Hilfsaktion, bei der Kürbisse und Kürbisrezepte im Mittelpunkt stehen. Schlemmer, die Kochkurse für Eltern und Kinder anbietet, ermutigte ihre Kundschaft dazu, neue Rezeptvarianten zu erfinden und veröffentlichte diese in einem außergewöhnlichen Kochbuch, das über die Biomarktkette »Naturgut« bundesweit vertrieben wird. Der Verkaufserlös kommt dem Berliner Hilfsprojekt »Arche« und ähnlichen Initiativen zugute. Innerhalb von vier Wochen konnten auf diesem Wege 300.000€ eingenommen und auf die Projekte verteilt werden.

Frau Schlemmer, wie sind Sie auf die Idee gekommen, Koch-Events für Familien und die Entwicklung eines Kürbis-Kochbuches mit einer so groß angelegten Benefizaktion zu verbinden?

Dass sich das Benefizkonzept so großartig entwickelt hat, überrascht mich selbst.

Im Grunde war es eine glückliche Fügung, denn am Anfang hatte ich nur eine vage Idee. Seit September waren die Geschäfte mit Halloween-Dekorationen bestückt, obwohl wir Deutschen eigentlich gar nicht so intensiv mit dem Fest verbunden sind. In meiner Kindheit gab es den Brauch noch nicht, verkleidet um Süßigkeiten zu betteln. Für mich waren die Kürbismonate eher mit leckeren Gerichten verbunden. Ich liebe Kürbisse! Roh, als Gratin, Pastete, Suppe oder Süßspeise, kaum ein Gemüse ist so gesund, vielseitig- und dazu noch preiswert. In Deutschland werden 200 Kürbissorten verkauft, aber die wenigsten Menschen kennen sie. Das und mein Wunsch, mit meinen Kursen und Beratungen zu einem gesünderen Essverhalten beizutragen, haben mich auf die Idee gebracht, Halloween auch ernährungstechnisch zum Kürbisfest zu machen. Weihnachten gibt es Gans, Ostern Eier, Halloween Kürbis. Dahinter steckt der Gedanke, dass man das Essverhalten von Kindern nur ändern kann, wenn man die Eltern ins Boot holt. Daher die Kochevents für Eltern und Kinder. Als nächstes kam die Idee hinzu, durch die Aktion etwas Bleibendes zu entwickeln – das war die Geburtsstunde des Kochbuches. Ich war so begeistert von meiner Idee, dass ich sie auf Facebook gepostet habe und war überwältigt von der Reaktion meiner Freunde. Daraufhin habe ich sie regelmäßig an der Entwicklung meines Konzeptes teilhaben lassen und konnte jede Menge guter Hinweise mit aufnehmen.

Das Kürbis-Kochbuch beinhaltet aber nicht nur Ihre Rezepte.

Nein. Das war mein erster Impuls. Meinen Gästen Rezepte anzubieten, da ich ja davon ausgehen musste, dass nur wenige bekannt sind. Um es spannender zu machen, ermutigte ich die Familien, spielerisch mit den Vorgaben umzugehen, Rezepte zu variieren und die Varianten schriftlich festzuhalten – daher stehen im Buch jetzt personalisierte Rezepte: Der Kürbiskuchen von Familie Großjahn, die Drachensuppe von Enno Hoffmann und so fort. Eine Freundin postete auf Facebook die Idee, das Kochbuch um Gedichte und Geschichten zu erweitern, die etwas mit Kochen, Kürbissen oder Familienfeiern zu tun haben. Eine andere bot an, die Illustration zu übernehmen – so wuchs das Projekt einfach nur durch Gespräche im Freundeskreis. Dann habe ich in der »Berliner Abendschau« einen

Bericht über die »Arche« in Hellersdorf gesehen. Das war der Moment, in dem ich wusste, dass ich helfen möchte. Das »Wie« hat sich daraufhin ganz schnell ergeben.

Und die Zusammenarbeit mit der Bioladenkette Naturgut ? Wie kam die zustande? Und vor allem, wie konnte es Ihnen gelingen, innerhalb von nur vier Wochen mit einem gemeinsamen Konzept in die Öffentlichkeit zu treten?

Die Zusammenarbeit mit einem Bioladen lag für mich einfach auf der Hand: Gesunde Ernährung – jahreszeitliches Gemüse – Gemüse mit kleinstmöglichem ökologischen Fußabdruck – all das passte perfekt zu meinen Kürbissen. Auf Naturgut bin ich zugegangen, weil ich selbst dort gerne einkaufe. Schon vor unserer Zusammenarbeit fand ich diese Kette total freundlich: Als Existenzgründerin dufte ich dort meine Flyer für Ernährungsberatung und Nordic Walking auslegen. Die Kassiererin hat sie den Kunden sogar in die Einkaufstüten gelegt. Alles andere war wieder Glück. Die Filialleiterin fand meine Eventidee gut und verwies mich an die Geschäftsführung, die wiederum ihre Marketingabteilung ins Boot holte. Das hat die Umsetzung meiner Idee ungemein erleichtert und beschleunigt.

Hatten Sie damals denn schon einen Deutschland weiten Vertrieb Ihres Buches geplant?

Im Prinzip ja. Wenn ich keinen Partner gefunden hätte, wäre ich den Weg über einen Selbstverlag gegangen. Dann hätte ich allerdings nicht so schnell so eine große Verbreitung erwarten und auch nicht innerhalb kürzester Zeit so viel Geld für das Projekt erwirtschaften können. Am Anfang dachte ich ja nur an die »Arche«.

Dass Naturgut innerhalb von wenigen Tagen entschieden hat, die Aktion zu unterstützen, war mehr, als ich in meinen kühnsten Träumen erhofft hätte. Übrigens habe ich auch nicht mit dem durchschlagenden Erfolg des Kochbuches gerechnet. Es hat sich bis jetzt 50.000-mal verkauft. Dadurch wurde ein Spendenvolumen von 300.000€ erwirtschaftet.

Und wie geht es nun weiter?

Wir werden die Kochaktion im kommenden Jahr wiederholen, vielleicht sogar in mehreren Städten. Es soll auch wieder ein Kochbuch mit gesunden Gerichten dabei herauskommen, gekoppelt an eine andere Idee, die ich aber heute noch nicht verraten werde. Meine Partner und ich hoffen, damit an den Erfolg des Erstlings anknüpfen zu können und mit dem Erlös weitere Projekte in den besagten Einrichtungen umsetzen zu können. Wie es weitergeht, kann auch auf Facebook weiter verfolgt werden. Als »Die Kürbisfrau« habe ich eine Fanseite angelegt, die schon 15.000 Follower hat – irre, oder? Das Tolle daran ist, dass darüber viele neue Ideen entstehen und sich sogar andere Unternehmen gemeldet haben, die etwas für Kinder tun möchten.

Verraten Sie uns denn, in welche Richtung die Entwicklung gehen soll?

Geringverdienende Menschen glauben, sich nicht wirklich gesund ernähren zu können, weil hochwertige Zutaten aus biologischem Anbau teuer sind. In meiner Funktion als Ernährungsberaterin werde ich künftig gezielt in sozialen Einrichtungen Ernährungsseminare und Kochkurse für Eltern und Kinder anbieten – mit Biowaren, die nicht teurer sind als Ware vom Discounter. Naturgut werkelt schon an einem Konzept mit dem Arbeitstitel »Bio für alle«. Lassen Sie sich überraschen.

Wie können Sie sich als Berufsanfängerin die intensive Projektarbeit leisten? Womit verdienen Sie denn Ihren Lebensunterhalt, wenn Sie künftig so viel auf Benefit-Achse sind?

Auch dabei spielt wieder eine glückliche Fügung die Hauptrolle. Naturgut hat Demeter als Partner ins Boot geholt und beide Organisationen werden die Kosten für meine Einsätze übernehmen. Darüber hinaus habe ich durch die Aktion bereits einige Anfragen von Unternehmen erhalten, die im Rahmen der betrieblichen Gesundheitsvorsorge mit mir zusammenarbeiten möchten. Sogar eine private Hochschule hat sich gemeldet, bei der ich über meine PR-Strategie einen bezahlten Vortrag halten soll – überwältigend! Ich glaube, es wird einiges passieren im kommenden Jahr. Es bewahrheitet sich eben immer wieder: Wer etwas für andere tut, wird belohnt – auf vielfältige Art. Ich habe meine Facebook-Freunde aufgerufen, Ideen für eigenes Engagement zu sammeln – nach dem Muster der Initiative »Make the World a better Place«.

Soweit unser Beispiel.

Ist ihnen aufgefallen, wie gleichermaßen für unsere fiktive Bioladenkette und für Kati Schlemmer geworben wurde? Frau Schlemmers Kernkompetenzen wurden sozusagen im »Nebensatz« untergebracht. Das reicht völlig aus, denn sie erscheint als agile, kreative und schnell reagierende junge Frau. Auch »Naturgut« kommt in dem Interview gut weg: Neben der freundlichen Atmosphäre des Ladens erfährt der Leser, dass dort schnell und unbürokratisch gehandelt wird und dass die Übernahme von sozialer Verantwortung offenbar eine gelebte Unternehmensphilosophie ist.

5.8.2   Kernsätze parat haben

Wenn Sie interviewt werden oder ein schriftliches Interview vorbereiten, ist es sinnvoll, jene Kernsätze »unterzubringen«, die Sie im Elevator-Pitch formuliert haben. Das fördert den Wiedererkennungswert, hilft, sich als Marke zu positionieren, die »für etwas steht« – nämlich für Ihren Unternehmenszweck und das Credo, das Sie damit verbinden. Stellen Sie Ihre Tätigkeit in einen größeren (sozialen) Kontext und zeigen Sie während des Interviews – wenn möglich – Perspektiven für künftige Entwicklungen auf. Journalisten, die ernsthaft interessiert sind, werden in »Saure-Gurken-Zeiten« auf Ihrer Website vorbeischauen und gucken, ob sich etwas Neues getan hat. Und wer weiß, vielleicht ist das ein Anknüpfpunkt für weitere »gute Presse«.

5.8.3   Eigenes Interview

Übung 26: Und jetzt sind Sie dran

Entwickeln Sie nach dem Kati-Schlemmer-Muster ein Interview aus Ihrem Unternehmen. Wenn Sie noch keinen »echten« Anlass haben, erfinden Sie einen. Lassen Sie sich von Ihrer Stoffsammlung inspirieren, die Sie als Übung 23 angelegt haben. Vielleicht entsteht dabei ein Kommunikationskonzept, das Sie selbst überraschen wird. Bitte befolgen Sie nur die folgenden Regeln:

▸ Bleiben Sie ehrlich und authentisch
▸ Überlegen Sie, was zu Ihrem Unternehmen, Ihrer Institution oder Ihrer Dienstleistung passt
▸ Stellen Sie sich vor, alle Wunsch-Kooperationspartner hätten begeistert zugesagt
▸ Vergessen Sie nicht zu erwähnen, was die Zusammenarbeit Ihren Kooperationspartnern gebracht hat.

Übrigens: Wenn Sie sich detailgenau in eine Vision hineindenken und versuchen, mit allen Sinnen die Freude zu erspüren, die eine erfolgreiche Umsetzung mit sich bringt, sind Sie schon auf dem Weg zur Umsetzung. Im Coaching setzt man diese Übung ein, um Menschen zu ermutigen, Ihre beruflichen oder persönlichen Ziele umzusetzen.

Sind Sie zufrieden mit Ihrem Ergebnis? Wenn es ein Planspiel ist, arbeiten Sie ernsthaft an seiner Umsetzung. Ihr Bauchgefühl wird Ihnen sagen, ob es sich lohnt, hartnäckig zu bleiben. Wenn Sie ein realistisches Interview geschrieben haben, sollten Sie es jetzt unter die Leute bringen

Und wie verbreitet man so ein Interview?

Sofern er noch nicht in einer Zeitung gedruckt wurde, kann ein solcher Text in die Pressemappe und auf die Presseseite Ihrer Unternehmenswebsite kommen. Sie können das Interview auch Zeitungen Ihrer Region anbieten, sofern der Text nicht zu werblich ist und Ihr Unternehmensinteresse dezent im Hintergrund steht. Wenn Sie über gute Kontakte verfügen, stehen die Chancen einer Veröffentlichung nicht schlecht. Falls Sie noch keine Kontakte haben, können Sie es freien Journalisten anbieten. Die finden Sie im »Zimpel«, dem deutschen »Who-Is-Who« für Redaktions- und Journalistenadressen. Die Buchausgabe des Zimpel wird jährlich aktualisiert, zusätzlich es gibt ihn inzwischen auch im Internet: *http://www.zimpel.de*

Sie müssen freie Journalisten nicht bezahlen, denn die »Freien« verkaufen ihre Geschichten direkt an die Medien und werden von den Zeitungen oder Sendern bezahlt. Allerdings sind die Tarife sehr niedrig, daher sind freie Journalisten immer bestrebt, ein Thema so oft wie möglich zu verkaufen – in verschiedenen Varianten und mit unterschiedlichen Titeln. Gut für Sie! Das macht Ihren Text, Ihr Thema in der Öffentlichkeit präsenter.

Wenn es in Ihrem Unternehmen noch keinen Presseverteiler gibt, sollten Sie sich spätestens jetzt darum kümmern. Dabei haben Sie mehrere Optionen.

5.9 Presseverteiler aufbauen

Entweder Sie recherchieren die Redakteure von Zeitungen und Zeitschriften, die an dem Interview, Ihrem Unternehmen und den Produkten oder Dienstleistungen interessiert sein könnten. Oder Sie nutzen einen Pressedienst, was allerdings mit Kosten verbunden ist.

Selbst recherchieren ist eine zeitaufwändige, aber sinnvolle Methode. Wenn Sie sich die Arbeit machen wollen und zeitlich einrichten können, sollten Sie die Redakteure persönlich anrufen, um sie für das Interview zu erwärmen. Das gilt übrigens auch dann, wenn Sie in Ihrer Regionalzeitung eine Pressemitteilung unterbringen möchten. Der persönliche Kontakt stellt sicher, dass Ihr Text auf dem richtigen Schreibtisch landet. Kontaktdaten finden Sie im Impressum der jeweiligen Publikationen. Meist müssen Sie allerdings die Redaktionssekretärin umschiffen, bis Sie die richtige Person erreicht haben. Dabei ist Fingerspitzengefühl gefragt.

Zeitsparender, dafür aber auch mit Kosten verbunden, ist die Option, einen Pressedienst einzuschalten. Pressedienste liefern Ihnen sozusagen eine komplette Menüliste: Sie müssen nur noch wählen, welche Art von Medien Sie beliefern möchten und Presseverteiler wie OTS (*http://www.presseportal.de*) oder Newsaktuell (*http://www.newsaktuell.de/*) und neuerdings auch Zimpel werden für Sie aktiv.

Neben der Verteilung von Pressemitteilungen und Artikeln bieten alle Anbieter eine Reihe von Zusatzdienstleistungen, vom Pressemonitoring (überprüfen, in welchen Medien Ihr Interview oder Ihre Pressemitteilung erschienen ist) bis zum Einstellen von Videos. Darüber hinaus gibt es diverse kostenfreie Presseportale, die man am besten nach branchenspezifischen Kriterien auswählt. Dazu geben Sie einfach »Presseportale und Ihre Branchennamen« in die Suchmaschine ein und schon können Sie lossurfen.

Kritisch hinschauen

Es reicht nicht, nur das richtige Portal für Ihre Branche gefunden zu haben. Achten Sie auch darauf, wie dort die Informationen aufbereitet und welche Zielgruppen angesprochen werden.

Weitere Verbreitungsmöglichkeiten: Mehrfachnutzung!

Machen Sie es wie die freien Journalisten: Schreiben Sie Ihren Text ein paar Mal um und verbreiten Sie ihn über Ihre Social-Media-Kanäle. Aber Achtung! Setzen Sie die Akzente unterschiedlich, denn der Content eines jeden Kanals sollte einzigartig sein. Bei einem veröffentlichten Interview haben Sie weniger Spielraum, als bei anderen Neuigkeiten. Helfen Sie sich, indem Sie auf unterschiedlichen Plattformen unterschiedliche Ausschnitte veröffentlichen und auf das gesamte Interview auf der Website verweisen. Machen Sie mit unterschiedlichen Headlines nicht nur aufmerksam, sondern auch neugierig. Das Interview wurde bereits kommentiert? Um so besser! Verwenden Sie Zitate, um Ihre Leser auf die Website zu locken.

Übung 27:

Gehen Sie einen Schritt auf Distanz und schreiben Sie einen Artikel über einen Aspekt des Interviews. Reichern Sie ihn mit Informationen an, die über Ihre Geschäftstätigkeit hinausgeht. (Wie im Fallbeispiel Beate Niemüller: Dort waren es Informationen über den Bedarf an behindertengerechten Praxen.)

Übung 28:

Kürzen Sie den Text auf 140 Zeichen und twittern Sie. Zunächst nur für sich selbst.

Mit den Instrumenten des Social Media beschäftigen wir uns im nächsten Kapitel ausführlicher.

Exkurs: Do's and dont´s auf Facebook & Co

Katie erwähnt in ihrem Interview, sie habe ihre Idee zunächst auf Facebook gepostet.

Eine gute Idee, vorausgesetzt das Umfeld stimmt. Gerade für Kleinunternehmer kann es sehr hilfreich sein, Ideen und Angebote zunächst im Freundeskreis kursieren zu lassen. Dort darf man auf Ermutigung und Unterstützung hoffen. Dafür bedarf es nicht einmal einer Unternehmensseite, im Zweifel ist sogar eine private Seite hilfreicher, weil sie schneller an Zulauf gewinnt. Aber Vorsicht! Will man Privates und Berufliches miteinander verquicken, sollte man mit Posts besonnen umgehen und vor allem zuerst prüfen, was bislang in der Chronik zu finden ist. Strand- und Partyfotos eignen sich ganz sicher nicht zur Akquise neuer Kunden oder Sponsoren. Natürlich darf hin und wieder auch etwas Privates durchschimmern, das macht sympathisch. Doch von inflationärem Posten à la »ich sitze gerade im Restaurant XY« sollte man konsequent absehen.

Wir möchten an dieser Stelle vorab auf ein paar Besonderheiten des Werbens auf Social Networks hinweisen, mehr dazu kommt später.

Hier nur so viel: Nutzen Sie Ihre Facebook-Seite um Begeisterung für Ihr Thema zu zeigen. Schreiben Sie eigene Beiträge, und verweisen Sie auf interessante Beiträge, die Ihre Facebook-Freunde interessieren könnten. Heben Sie Gemeinsamkeiten hervor. Aber: Überbeanspruchen Sie das Medium nicht, in dem Sie die Seiten Ihrer Freunde täglich »zuposten«. Das wird auf die Dauer als unangenehm empfunden und irgendwann schaut niemand mehr hin oder sperrt Sie aus dem Feed aus. Das gilt vor allem dann, wenn Sie keine Idee oder Strategie im Sinn haben, die wie ein roter Faden durch Ihre Posts leitet. Im Fall von Katie Schlemmer ergab sich die Strategie beinahe von selbst. Von der ersten Idee über den Verlauf der Verhandlungen mit der Bioladenkette bis hin zum Kontakt mit der Arche, konnte Katie ihren Facebook-Freunden täglich von neuen Erlebnissen berichten. Jede Erfahrung hatte etwas Neues, so konnte sich daraus fast von selbst eine komplette Geschichte entwickeln. Sogar das Happy End blieb nicht aus.

Entwickeln Sie also eine Dramaturgie für die Erfolgsgeschichte Ihres Angebotes oder Produktes. Sie dürfen sicher sein, die »Gemeinde« wartet schon auf eine Fortsetzung. Spannung rein. Langweile raus.

Hätte es Katie ebenso genutzt, auch das eher berufsorientierte Netzwerk »Xing« einzubinden?

Im Gegensatz zu Facebook, wo man sich über Freunde mit Freunden von Freunden vernetzt, ist es bei Xing sinnvoll, sich mit Gruppen zu vernetzen, in denen Menschen mit ähnlichen Berufsinteressen aktiv sind. In unserem

Beispiel hat Katie innerhalb von vier Wochen ein umfangreiches Konzept umgesetzt – für Xing ist das ein deutlich zu kurzer Zeitrahmen, um verwertbare Kontakte zu knüpfen. An dieser Stelle möchten wir die Kommunikationstrainerin Heide Liebmann zitieren, eine begeisterte Xing-Nutzerin, die darauf hinweist, dass Netzwerken um des Netzwirken-willens wenig erfolgversprechend ist.

*»Richtiges Netzwerken« beruht auf dem **Give-and-Take-Prinzip**, und die Reihenfolge dabei ist mitnichten beliebig: Erst geben, dann nehmen. Das heißt im Klartext, wer nicht bereit ist, Zeit und Know-how ins Netzwerk zu geben, wird auch ziemlich erfolglos dabei sein, Mehrwert aus dem Netzwerk zu ziehen. Schnorrer werden meist sehr schnell enttarnt und fortan einfach links liegen gelassen oder gleich mehr oder weniger unsanft gebeten, das Netzwerk doch bitte wieder zu verlassen.*

*Auch deshalb ist es so wichtig, sich genau zu überlegen, wie viel Zeit man fürs Netzwerken investieren kann – und zu prüfen, wo man sich tatsächlich engagieren möchte. **Networking als Pflichtübung funktioniert nicht.** Wenn Du Dich in Deinem Netzwerk nicht wohl fühlst und keine Lust hast, Dich und Dein Know-how einzubringen, kannst Du die Zeit wirklich sinnvoller für andere Dinge aufwenden.«*

 (Quelle: *http://www.heide-liebmann.de/blog/2008/02/16/wie-viel-networking-braucht-der-mensch-teil-ii/*)

Dem ist nichts hinzuzufügen. Diese Aussage gilt ebenso für andere soziale Netzwerke wie z.B. LinkedIn, das bei Management-Führungskräften und Branchen wie Kunst, Film und Fernsehen zunehmend an Popularität gewinnt.

5.10   Ein Wort zum Corporate Design

Und wo wir gerade beim Thema sind: Nicht nur bei den Fotos ist es wichtig, sich ein paar Gedanken über Äußerlichkeiten zu machen. Damit Ihr Unternehmen eine eigene »Identität« bekommt, die man durch alle Kommunikationskanäle sofort wiedererkennt, ist bei der Gestaltung von Print- und Onlinematerialien eine wiedererkennbare »Handschrift« vonnöten. Im doppelten Sinne: Sowohl was die Tonalität anbelangt (Ihre individuelle Schreibstimme) als auch die grafischen Elemente, die immer wieder auftauchen. Dass ein Logo überall an der gleichen Stelle auftauchen sollte, überrascht niemanden. Aber auch ein durchgängiges Farbkonzept und ein wiedererkennbares Grundlayout zur Verteilung der Fotos auf einer Seite sollte angestrebt werden. Letzteres lässt sich – gerade in sozialen Netzen – nicht immer durchhalten, doch es lohnt sich, die Optik immer mal wieder zu überprüfen.

In mittelständischen Unternehmen oder wachsenden Organisationen lohnt es sich, das Gestaltungskonzept schriftlich zu fixieren. Auf diese Weise kann man sicherstellen, dass ein einheitliches Erscheinungsbild auch dann gegeben ist, wenn verschiedene Mitarbeiter sich mit PR- und Öffentlichkeitsarbeit beschäftigen.

5.11 Ratsam: In gutes Bildmaterial investieren!

Jetzt fehlen nur noch ein paar gute Bilder. Heutzutage empfiehlt es sich, den Journalisten eine Bild-CD anzubieten, in der die Fotos gleich in zwei Formaten abgelegt sind: Einmal klein, zur Online-Verwendung, dann in einer guten Auflösung (300dpi und mehr), mit denen größere Artikel bebildert werden können.

Bitte sparen Sie an dieser Stelle nicht. Greifen Sie nicht auf Fotos zurück, die mit dem Handy oder der Kamera gemacht wurden, die der Hausmeister zufällig dabei hatte. Ein Bild sagt nicht nur mehr als 1000 Worte, es entscheidet auch »auf den ersten Blick« über das Gefühl, das der Betrachter zu Ihnen, Ihrer Institution oder Ihrem Unternehmen hat. Ein Bewerbungsfoto sollte schließlich auch nicht aus dem Automaten kommen, oder?

Betrachten Sie Fotos von sich, Ihren Mitarbeitern und Ihren Arbeitsplätzen genau so: Als Bewerbungsfoto. Ein guter Fotograf kann auch kleine Räume attraktiv darstellen und gerade in der Anfangsphase ist es wichtig »gut rüberzukommen«. Sie fahren ja auch nicht im klapprigen Golf Ihres Sohnes oder Ihrer Tochter zum Kundentermin, oder? Man kann es finden wie man will: Ob man Ihnen ein gutes Honorar bezahlen möchte oder nicht, hängt unterschwellig auch von solchen Äußerlichkeiten ab.

5.12   Meilenstein

Ihre Pressemappe ist an dieser Stelle schon gut gefüllt:

Sie enthält:

- ☑ Ein Fact-Sheet zum Unternehmen
- ☑ Eine gute Signature Story
- ☑ Eine Pressemitteilung
- ☑ Interviews mit den wichtigsten Köpfen (oder Mitarbeitern) des Unternehmens
- ☑ Einen Artikel
- ☑ aussagekräftiges Fotomaterial

Was fehlt?

An dieser Stelle nichts, was Sie sofort tun müssen. Lehnen Sie sich zurück und warten Sie auf die ersten Veröffentlichungen. Wenn Sie im Dienstleistungsgewerbe unterwegs sind, lohnt es sich vielleicht auch einmal darüber nachzudenken, ob Sie sich und Ihre Mitarbeiter mit einem Firmen-T-Shirt ausstatten. Auch das ist PR. Vielleicht notieren Sie in Ihrem Portfolio ein paar lustige oder smarte Sprüche, mit denen man die T-Shirts bedrucken könnte.

Kapitel 6

Newsletter, Kunden- und Mitarbeiterzeitschriften

Charmant in Kontakt bleiben

Wir können es nicht oft genug erwähnen: Die Zeiten, in denen es nur reichte, das eigene Unternehmen und seine Produkte gut aussehen zu lassen sind vorbei. Im Zuge des immer größeren und immer globaleren Angebotes an Produkten und Dienstleistungen ist es wichtiger denn je, auch dann mit seinen Kunden in Kontakt zu bleiben, wenn gerade kein konkreter Anlass besteht. Wer sich nicht regt, läuft Gefahr in Vergessenheit zu geraten. Besonders, wenn ein Auftrag einmal nicht »glatt« über die Bühne ging, lohnt es sich im Nachgang für positive Stimmung zu sorgen, den Kontakt zu pflegen.

Kundenzeitschriften oder -newsletter sind eine Möglichkeit, auf charmante Weise im Gespräch zu bleiben.

Überwiegend sind es heute nur noch größere Unternehmen, die sich den Luxus gedruckter Kundenzeitungen leisten: die Auto- und Kosmetikindustrie, hochwertige Modemarken oder -ketten, wenige große Buchhandelsunternehmen, Ausstatter von Spezialreisen oder Dachverbände von Krankenkassen oder Unternehmen. Deren Publikationen punkten mit aufwändigen Fotostrecken, Reportagen und mehr oder weniger verdeckten Produktempfehlungen. Als kleines Unternehmen können Sie an dieser Stelle allein schon aus Kostengründen nicht mithalten. Müssen Sie auch nicht. Aber inspirieren lassen können Sie sich für Ihren Newsletter auf jeden Fall von den Themen der »Großen«.

Anschauen und bei der Themenfindung inspirieren lassen

Manches, was Sie dabei entdecken, lässt sich gut für einen kleinen, aber feinen Newsletter adaptieren: Globetrotter, ein Anbieter für Outdoorsport, Trecking und Reisen, füllt sein gedrucktes Kundenmagazin beispielsweise mit Reiseberichten und Reportagen, die Lust auf Urlaub machen. Auf die Idee, das eine oder andere Ausstattungsteil zu benötigen und schließlich bei Globetrotter zu kaufen, kommt der Leser dann ganz von selbst. Ähnlich verhält es sich mit dem Kauf eines Buches, dessen Autor in der Kundenzeitschrift eines Buchladens vorgestellt wurde oder mit Produkten, die in der Gratiszeitung der Apotheken erscheinen.

6.1 Kundennewsletter

Clever adaptieren

Weniger aufwändig, aber viel kostengünstiger können Sie Ihre Inhalte über einen Kunden-Newsletter verbreiten. Redaktionell spannend aufbereitet, gespickt mit wissenswerten Inhalten, die über das Spektrum Ihrer Produkt- und Dienstleistungspalette hinausgehen, wird er von Ihren Kunden gerne angenommen werden. Selbst als kleines Ein-Personenunternehmen können Sie passende Themen finden. Wenn Sie einen Auslaufservice für Hunde betreiben, können Sie in Ihrem Newsletter zum Beispiel Tierärzte berichten lassen, die sich auf Knochenerkrankungen älterer Hunde spezialisiert haben. Oder Sie veröffentlichen eine der vielen Geschichten über Herrchen und Hund, die Sie ganz sicher bei Ihren Rundgängen erfahren. Oder Sie geben Ernährungs- und Erziehungstipps für Welpen weiter, berichten über eine neue Hundeschule und vieles mehr. Passende Geschichten liegen auf der Straße.

Ihr Unternehmen ist zwar klein, aber Sie haben für Ihre beiden Mitarbeiterinnen eine gute Möglichkeit gefunden, Kinder und Arbeit miteinander zu verbinden? Eine Reportage über deren »Work-Life-Balance« ist ein hervorragendes Thema für Ihren Kunden-Newsletter! Besonders dann, wenn Sie Tipps geben, wie man eine solche Lösung für andere Firmen adaptiert. Dadurch werden Sie nicht nur als kompetent sondern auch als UnternehmerIn wahrgenommen, der oder die auch soziale Verantwortung übernimmt. Sie haben ein neues Fertigungsverfahren entwickelt? Erzählen Sie davon in verständlichen Worten. Keine Angst vor dem Ideenklau! Sie müssen nicht jedes Detail erläutern, wenn Sie sich damit unwohl fühlen. Andererseits profilieren Sie sich als innovativ und kreativ, wenn Sie zeigen, was Sie können. Sie kennen Ihre Branche. Wägen Sie basierend auf diesem Wissen ab, was man offen legen kann und was man für sich behalten sollte.

> ### Tipp
>
> Kunden-Newsletter werden am Arbeitsplatz gelesen. Achten Sie daher auf einfache, schnell erfassbare Sprache und klare Struktur Ihrer Texte!

Sicher werden Ihnen spontan viele Themen einfallen, die zu Ihrer Branche passen. Leiten Sie Ihren Newsletter mit einer Art »Editorial« ein, in dem Sie kurz erzählen, wie Sie auf das Thema gekommen sind und warum Sie es für mitteilungswert halten. Zeigen Sie dabei Ihr eigenes Interesse – wo es passt, auch Ihr Herzblut für das Thema.

Übung 29: Mini-Universität

Werfen Sie noch einmal einen Blick in Ihre Stoffsammlung. Über welches Thema könnten Sie mühelos 15 Minuten sprechen, unvorbereitet einen Vortrag halten? Keine Angst, mussen Sie nicht! Doch wenn das Thema für Ihre Kunden interessant sein könnte, dann legen Sie los. Schreiben Sie einen Artikel und würzen Sie ihn mit viel »human interest«. Erinnern Sie sich an die Three Headed Monkeys und erzählen Sie ihren Kunden, warum sie das Thema so spannend finden! Begeistern Sie!

Legen Sie den Artikel nach der ersten Lektüre zur Seite und lesen Sie ihn morgen noch einmal. Wenn er Ihnen dann noch genau so gut gefällt wie beim Schreiben, dürfen Sie Ihrem Bauchgefühl vertrauen: der erste Text für Ihren Newsletter »steht«.

Übung 30: Veranstaltungstipp

Haben Sie einen Veranstaltungstipp? Dann formulieren Sie ihn kurz und prägnant, wie im Kapitel »Pressearbeit« beschrieben. Es muss keine eigene Veranstaltung sein, Sie können gerne auf einen Branchentreff hinweisen. Oder auf ein besonders gut gelungenes Theaterstück, wenn es zu Ihrer Zielgruppe passt. Es darf auch ein Film sein, der einen Bezug zu Ihrem Produkt oder Ihrer Dienstleistung hat. (Beispiel: Wenn Ihre Dienstleistung die Beratung von Adoptionswilligen wäre, könnten Sie den Film »Philomena« besprechen um die Bedeutung sogenannter »offener Adoptionen« zu verdeutlichen.)

6.2   Gut aufgestellt im Wettlauf um gute Mitarbeiter

Nicht nur gute Kunden, sondern auch gute Mitarbeiter sind für den Unternehmenserfolg wichtig. Auch wenn Sie jetzt noch alleine arbeiten oder nur eine Handvoll freier Mitarbeiter beschäftigen, sollten Sie dieses Kapitel nicht überschlagen.

Behalten Sie Ihren künftigen Personalbedarf im Auge, denn schon jetzt sorgt der demografische Wandel für einen harten Wettbewerb um gut ausgebildete und motivierte Nachwuchskräfte. Es ist schwierig geworden, offene Positionen zu besetzen. Und das nicht etwa nur in der Großindustrie, sondern auch in kleinen Betrieben, bis hin zur Arztpraxis um die Ecke, zum Straßencafé oder zur kleinen KFZ-Werkstatt. Es lohnt sich also, den Mitarbeitern besondere Aufmerksamkeit zu widmen und sie als Zielgruppe für die Unternehmenskommunikation ernst zu nehmen. Mitarbeiterzeitungen – es darf auch gerne ein Newsletter sein – schulen in der Kunst, Themen im eigenen Haus zu finden. Dabei können Sie ganz zufällig auf Ansätze stoßen, die auch zur Verteilung auf andere Kanäle geeignet sind. Sollten Ihnen spontan Themen für die spätere »Mehrfachnutzung« einfallen, notieren Sie diese in Ihrem Schreibjournal!

Mitarbeiterzeitungen gestern und heute

In der Vergangenheit waren Mitarbeiterzeitungen ein Instrument, um Gemeinsamkeit zu demonstrieren, Verbundenheit zu erzeugen, über Entwicklungen im Unternehmen zu informieren. Klassische Themen waren Veränderungen in der Produktpalette, die Vorstellung verdienter oder neuer Mitarbeiter, Berichte über soziale Aktivitäten, betriebliche Gesundheitsförderung und Ähnliches. Mehr oder weniger hochwertig gedruckt, kamen diese Druckwerke oft ein wenig distanziert, abgehoben oder gar mit erhobenem Zeigefinger daher. Und dennoch gehörten sie meistens zu den ersten Unterlagen, die einem Bewerber oder neuen Mitarbeiter in die Hand gedrückt wurden!

Inzwischen sind viele Unternehmen dazu übergegangen, dialogischer zu arbeiten, und ihre Neuigkeiten über das Intranet als interne Newsletter zu veröffentlichen – eine Form, die sich auch in Betrieben mit wenigen Mitarbeitern bezahlt macht. Das Kostenargument ist das gleiche wie bei den Kundenzeitschriften. Darüber hinaus ist es bei einem inhouse-produzierten Newsletter nicht nur unkompliziert, Mitarbeiter in die Produktion einzubeziehen – es geht auch wesentlich schneller, weil die Wege kürzer sind und man sich kennt.

Bitten Sie um Beiträge, die aus den einzelnen Arbeitsbereichen stammen. Oder um Themen, die einzelne Kollegen besonders spannend finden und gerne mit anderen teilen möchten.

Neue Wege gehen

Die Kollegen zu integrieren, wird den Newsletter lebendiger machen und die Mitarbeiter fühlen sich in ihrer Tätigkeit und als Person gewürdigt. Allerdings sollte jemand den Hut aufbehalten, die Texte koordinieren, redigieren und damit die Qualität auf einem ausgewogenen Level halten. Sollten einmal keine Themen aus dem Umfeld kommen, kann der Koordinator sich durchaus an Themen der klassischen Mitarbeiterzeitschrift orientieren. Sie sollten allerdings lesbarer und humorvoller aufbereitet werden, als das bei den meisten »Klassikern« der Fall war. Bedenken Sie: Nicht nur die Sehgewohnheiten haben sich verändert. Auch der Anspruch an pfiffige Unterhaltung hat sich in allen Lebensbereichen durchgesetzt. Niemand lässt sich gerne belehren!

Nutzen Sie Ihren Newsletter auch dafür, um zu berichten, wie besondere Firmenboni von Ihren Mitarbeitern angenommen werden. Frisches Obst für alle in der Küche, die ermäßigte Mitgliedschaft im Sportstudio, die günstigen Konditionen bei Car-Sharing-Programmen. Hier ist Wiederholung erlaubt. Beispiel Car-Sharing: Im ersten Newsletter informieren Sie über die neue Kooperation, im Zweiten schreiben Sie einen lebendigen Bericht über einen jungen Mitarbeiter, der sich nun endlich seinen Traumwagen leisten kann (wenn auch nur für kurze Strecken), im Dritten schreiben Sie eine Glosse über fachsimpelnde Autofreaks in der Kaffeeküche. Doch Vorsicht, streuen Sie die Themen über mehrere Ausgaben.

Sie sehen: Storytelling ist daher auch beim Mitarbeiter-Newsletter gefragt!

Tipp: Firmenfest mit Schreibeinlage

Laden Sie Ihre Mitarbeiter zur Weihnachtsfeier doch einmal zu einem Abendessen mit Kreativen Schreibeinlagen ein. Dabei können Sie nicht nur Inspirationen für Beiträge im Mitarbeiter-Newsletter sammeln, sondern sich und Ihre Kollegen bei einfachen Schreibspielen noch einmal ganz anders kennenlernen. Im täglichen Miteinander kann das Berge versetzen. Und garantiert entstehen an einem solchen Abend ein paar firmenunabhängige Texte, die sich auch in Ihrem Newsletter sehr gut machen! Am besten, Sie buchen sich für die Schreibimpulse einen erfahrenen Schreibcoach oder Anbieter von Kursen zum Kreativen Schreiben. Ein erfahrener Schreipädagoge erkennt ganz schnell, womit er eine ungeübte Gruppe motivieren kann. Eine Liste mit zertifizierten Schreibberatern finden Sie hier: www.schreibberater.info

---

Präsentieren Sie Ihre Unternehmenskultur!

Mitarbeiter-Newsletter sind ein gutes Instrument, um eine offene und lebendige Unternehmenskultur zu präsentieren. Sie sollte allerdings auch so gelebt werden. Dazu gehört eine gemeinsam entwickelte Vision und eine transparente Informationspolitik – lassen Sie Ihre Mitarbeiter wissen, wie es um die wirtschaftliche Situation gestellt ist (Sie müssen keine konkreten Zahlen nennen), welche Herausforderungen angenommen werden und vor allem: Wo etwas richtig gut klappt.

In Zeiten, in denen Mitarbeiter ihr Unternehmen auf sozialen Netzwerken wie »Namics« bewerten, erhöht ein gutes Ranking die Wahrscheinlichkeit, dass qualifizierte Bewerber auf Sie aufmerksam werden. Dass die Bewertung für Sie als Arbeitgeber besser ausfällt, wenn Sie das Engagement Ihrer Mitarbeiter fördern und ein Ohr für deren Bedürfnisse haben, versteht sich von selbst. Bedenken Sie, Ihre Mitarbeiter haben heutzutage viele Möglichkeiten, ihren Unmut oder ihre Begeisterung kund zu tun!

Zum Schmunzeln

Ein skurriles Video amüsiert derzeit Arbeitnehmer auf YouTube. Eine junge Amerikanerin tanzt ihre Kündigung bei einer Mediaagentur, die ihre Work-Life-Balance zu einseitig belastete.

An Interpretive Dance For My Boss Set To Kanye West's Gone

 (Quelle: *http://www.youtube.com/watch?v=Ew_tdY0V4Zo&feature= player_embedded*)

Als Untertitel läuft in dieser Selbstproduktion eine Klage über ihre verpasste Lebenszeit, die sich innerhalb von vier Arbeitsjahren bei dieser Produktionsfirma angehäuft hat. Überstunden, fehlendes Sozialleben, Stress-Symptome – Marina Shifrin, die Protagonistin, »tanzt es raus«. Eine kreative Idee, die ihr innerhalb kürzester Zeit zu einem hohen Bekanntheitsgrad, vielen Klicks und Kommentaren, Einladungen zu Talk Shows und sogar zu einem neuen Job verhalf. Ihr ehemaliger Arbeitgeber zog nach und tanzte eine Stellenanzeige für Marinas Nachfolger – weit weniger erfolgreich, denn die Diskussion über Arbeitszeiten und Unzufriedenheit in Marinas Branche war mit ihrem Video längst lebhaft in Gang gekommen.

Nutzen Sie also ihren Newsletter nicht nur zur Information, sondern auch um eine gute Unternehmensatmosphäre zu schaffen und zu erhalten!

6.3 Auch das ist PR: Personalanzeigen

Es wird Sie sicher wenig überraschen, dass man auch Personalanzeigen unter dem Aspekt der Öffentlichkeitsarbeit betrachten kann. Vor wenigen Jahren war es sogar noch üblich, dass Großunternehmen Personalanzeigen geschaltet haben, um zu zeigen, wie gut sie im Geschäft sind. Frei nach dem Motto: Wer viele Aufträge hat, braucht auch viele Mitarbeiter. Besetzt wurden diese Stellen dann letztlich nicht.

Wie im vorangehenden Kapitel angedeutet, sieht es heutzutage völlig anders aus.

Abgesehen davon, dass inzwischen das Internet bei der Suche nach Mitarbeitern die Nase vorn hat, sind gut ausgebildete Bewerber heute in der komfortablen Situation, sich ihren Arbeitgeber aussuchen zu können. Kaum nötig zu betonen, dass Sie als »Personalangler« gründlich überlegen müssen, mit welchen Ködern Sie punkten können. »Der Köder muss dem Fisch schmecken, nicht dem Angler« lautet ein gängiges Werberbonmot.

Längst reicht es nicht mehr aus, eine interessante Aufgabe und gutes Gehalt bieten zu können. Attraktive Arbeitszeitmodelle, Boni wie Mitgliedschaften in Fitnessclubs, Plätze in der nahegelegenen Kindertagesstätte, Tablets, die privat genutzt werden dürfen oder Mitgliedschaften bei Car-Sharing-Unternehmen werden gerade von der »Generation Y« bei der Entscheidung für oder gegen einen möglichen Arbeitgeber herangezogen. Die Bewertungen, die Ihr Unternehmen auf Seiten wie Namics oder kununu erhält, haben wir bereits erwähnt. Pfiffige Bewerber werden – ebenso wie Sie es bei der Personalsuche tun – sämtliche zur Verfügung stehenden Kanäle nutzen, um Informationen über Ihr Unternehmen einzuholen. Und sei es noch so klein!

Hier ist Kreativität gefragt!

Wir gehen davon aus, dass viele unserer Leser noch beim Aufbau ihres Unternehmens sind und ihren Mitarbeitern noch keine teuren Boni bieten können. Dumm gelaufen? Keinesfalls!

Auch wenn es wie ein Widerspruch klingt, materielle Güter sind auch bei jungen Leuten weit weniger wichtig, als Momente, die eine »intrinsische Motivation« ansprechen. »Intrinsisch« bedeutet, eine innerliche Befriedigung ist verbunden mit dem, was ich tue. Sie ahnen es, hier geht es wieder einmal um Emotionen.

Übung 31: Noch eine paradoxe Intervention

Bitte stellen Sie Ihren Timer auf fünf Minuten und schreiben Sie ganz schnell eine Liste, was man alles tun könnte, um eine Arbeit so unattraktiv wie möglich zu machen. Denken Sie dabei auch an die Gestaltung des Arbeitsplatzes und an die Kollegen.

Übung 32: Liste des Grauens

Sortieren Sie Ihre »Funde« jetzt in einer Hierarchie des Grauens: Das Schlimmste zuerst. Finden Sie nun positive Entsprechungen. Im nächsten Schritt formulieren Sie eine Stellenanzeige, in die Sie möglichst viele positive Elemente einbauen.

Übung 33: Komprimieren Sie!

Wenn Ihre Anzeige zu lang geworden ist (bei Zeitungsanzeigen steht hinter jedem Wort ein Geldbetrag!), komprimieren Sie nun Ihren Text. Nutzen Sie dabei Ihre Erfahrung, die Sie beim Elevator-Pitch gemacht haben. Bitte denken Sie auch daran, dieses Kurzprofil Ihres Unternehmens in die Anzeige zu integrieren.

Wohin mit meinem Stellenangebot?

Bei der Mitarbeiterrekrutierung empfiehlt es sich heute, alle verfügbaren Kanäle zu nutzen. Offene Stellen gehören auf jeden Fall auf Ihre Website, aber damit potentielle Bewerber dort erst einmal ankommen, muss Ihr Unternehmen ihnen erst einmal anderweitig ins Auge gefallen sein. Zeitungsannoncen sind nach wie vor wichtig für die Rekrutierung, aber Online-Stellenbörsen wie Monster, Stepstone, Jobscout, Jobpilot und andere, gewinnen zunehmend an Bedeutung. Darüber hinaus können Sie offene Positionen in den Sozialen Netzwerken Xing und LinkedIn anbieten.

Online-Börsen haben gegenüber den Printmedien den Vorteil, dass der Bewerber seine Unterlagen sofort in eine vorgefertigte Maske eingeben kann. Das geht schneller und ist für alle Seiten kostensparend – denn Sie können die Bewerbungen auch gleich online beantworten. Inhaltlich gelten bei allen Medien die gleichen Regeln: Das Unternehmen und die Aufgabenbereiche so darstellen, dass positive Emotionen geweckt werden. Übrigens: Storytelling ist auch bei Stellenangeboten erlaubt. Dass es ganz kurz und knackig geht, beweist die Bundeswehr mit einer Stellenanzeige für einen Elektriker, der auf einem Boot der Marine arbeitet. Titel »Wenn der Funke überspringt«.

Kapitel 7

Social Media – ein weites Feld!

Alle sprechen von Social Media – mehr oder weniger begeistert. Die Namen Facebook, Twitter, Google+ oder Xing haben sich zu Synonymen für diese neuen Kommunikationskanäle entwickelt, wie einst die Marke »Tempo« für Papiertaschentücher. Dennoch möchten wir uns an dieser Stelle erst einmal an einer ganz klassischen Basisdefinition versuchen:

»Social Media« ist ein Sammelbegriff für digitale Informationskanäle. Sie ermöglichen es ihren Nutzern, einzeln oder in Gruppen miteinander zu kommunizieren, Texte, Fotos und Videos miteinander zu nutzen, auszutauschen oder zu erstellen. Diese Kanäle sind kostengünstig, in demokratischen Ländern für jedermann zugänglich und können sowohl privat als auch gewerblich genutzt werden. Neben den oben genannten »Communities« gehören in diese Kategorie der neuen Medien auch Foren (dort tauscht man sich zu speziellen Themen aus und kann auch Fragen zu bestimmten Fachgebieten stellen), Blogs (virtuelle »Tagebücher« privater und/oder geschäftlicher Art, auf denen Ereignisse erzählt oder kommentiert werden), Wikis (virtuelle Nachschlagewerke, die von den Nutzern erweitert werden können), Soziale Bookmarks (systematisierte Verweise auf Internetseiten) und Mikro-Blogs (kurze SMS-ähnliche Textnachrichten wie Twitter).

Entwicklungsprognosen

Menschen, die nicht mit diesen neuen Kommunikationsmöglichkeiten aufgewachsen sind, empfinden diese oft als verwirrend. Manch einer hofft, es handele sich um eine Modeerscheinung, die sich bald überlebt haben wird.

»Wann geht Social Media wieder weg?« lasen wir neulich in einem Blog, dessen Autor sich mit aktuellen Trends in der Unternehmenskommunikation beschäftigte. Gar nicht! Sie werden sich damit auseinandersetzen müssen. Denn das Phänomen wird nicht wie eine vorübergehende Krankheit einfach verschwinden, sondern sich in unterschiedlichen Umfeldern fortentwickeln und differenzieren. Experten prognostizieren schon für 2014 dass

‣ sich Social-Media-Marketing zum festen Bestandteil der Marketingstrategie eines jeden wettbewerbsfähigen Unternehmens entwickelt,

- stärker als bisher als Vertriebskanal etabliert und nicht mehr nur zur Imagepflege genutzt wird,
- als direkter Kommunikationskanal zwischen Kunden und Unternehmen an Bedeutung gewinnt,
- noch stärker als bisher mit visuellen Medien (Video) verbunden wird,
- Suchmaschinen-Optimierung ohne Social-Media-Monitoring nicht mehr denkbar sein wird. Bei letzterer Annahme wird davon ausgegangen, dass man künftig ausgehend von den sozialen Netzwerken aus prüfen wird, welche Websites aufgerufen werden.

(Quelle: *http://lightparc.net/2013/12/09/welche-social-media-trends-erwarten-uns-aber-2014/*)

Auch wenn man Trends als das betrachten sollte, was sie sind, nämlich eine Vermutung über künftige Entwicklungen, so zeigen sie doch, in welche Richtung der innovative Wind weht. Es ist wie bei allen technischen Neuerungen: Haben sich die damit verbundenen Vorteile erst einmal in unterschiedlichen Bereichen durchgesetzt, werden sie nicht mehr verschwinden – auch wenn sie vielleicht im Schlepptau einige negative Entwicklungen mit sich ziehen. Vielmehr werden sie kontinuierlich an die Bedürfnisse der Nutzer angepasst. Wie die Eisenbahn zunächst eingesetzt wurde, um Waren von A nach B zu transportieren, entwickelte sie sich nach und nach zu einem Transportmittel für Reisende und schließlich zu einer Möglichkeit, zum Arbeitsplatz zu pendeln – immer parallel zur gesellschaftlichen Entwicklung. Soziale Netze haben eine ähnlich soziale Revolution ins Rollen gebracht – bedenken Sie allein, wie sich das Verhalten von Kindern, Jugendlichen und Partnersuchenden verändert hat! Kommuniziert wird vielfach nicht mehr von Angesicht zu Angesicht, sondern über Medien wie Facebook, Skype oder Xing.Wer mit sozialen Netzten aufgewachsen ist, in der Schulzeit Kommuniktationsplattformen wie Schüler-VZ und Facebook genutzt hat, wird sich sehr wahrscheinlich auch im Berufsleben unbefangener als alle Generationen zuvor darin bewegen. »Modeerscheinungen« spielen sich unter diesen Vorzeichen nur innerhalb der vorhandenen Vernetzungsmöglichkeiten ab, d.h. mal wird diese, dann wieder jene Plattform die Rangfolge anführen. Das Phänomen als solches wird sich ausweiten.

Derzeit ist beispielsweise zu beobachten, dass Jugendliche – lange Zeit die größte Nutzergruppe – sich von Facebook zurückziehen und das Feld den nachrückenden »älteren Semestern« überlassen. Während letztere noch stolz darauf sind, eine Bastion der Jugend für sich erobert zu haben, sind erstere schon weitergezogen und eher im Gruppenchat auf »WhatsApp« unterwegs. Auch dort kann man problemlos Texte, Fotos und Videos teilen und diese Anwendungsmöglichkeiten sind jungen Anwendern am wichtigsten. Außerdem enthebt es sie der Peinlichkeit, mit Eltern oder Lehrern befreundet sein zu müssen. Wie sich das Verhalten der Jugendlichen nach der Übernahme von WhatsApp durch Facebook entwickeln wird, bleibt abzuwarten. Es ist jedoch anzunehmen, dass die nächste Wanderungsbewegung bereits kurz bevor steht.

Im Berufsalltag gewinnen neben der Kundengenerierung oder -pflege andere Faktoren an Bedeutung, beispielsweise die Möglichkeit, über soziale Netze das Ranking der Unternehmenswebsite zu verbessern oder Analysen zum Kundenverhalten durchzuführen. Es lohnt sich also, der Materie größere Beachtung zu schenken. Und wenn man erst einmal die Gesetzmäßigkeiten der sozialen Netzwerke verstanden hat, kann es sogar Spaß machen, sich darin zu tummeln.

Wir möchten aber nicht verschweigen, dass nicht jedermann seine Freude daran hat. Wenn Sie eine Abneigung gegen Facebook, Xing , Google+ und ähnliche Angebote haben, dann sollten Sie sich intensiver mit dem Thema Blogs beschäftigen. Mit einem guten Blogcontent werden Sie sich wahrscheinlich wohler fühlen und auch erfolgreicher agieren.

Auf technische Feinheiten und auf die Analyse von Nutzerverhalten werden wir auf den folgenden Seiten nicht eingehen. Unser Thema ist die Kommunikation. Für den technischen und analytischen Bereich gibt es inzwischen einen ganzen Unternehmenszweig, der sich mit derartigen Details beschäftigt. Hier sei dazu – lediglich als Randbemerkung – erwähnt, dass bei der Verknüpfung der einzelnen Kommunikationskanäle immer wieder jene Keywords auftauchen sollten, die für Ihr Unternehmen von Bedeutung sind. Keywords sind Begriffe, von denen man annimmt, dass Benutzer sie bei Google, Firefox, Yahoo, Bing oder anderen Suchmaschinen eingeben, um bestimmte Dienstleistungen oder Themen zu finden. Es ist daher ratsam, jene Begriffe, die man auf der Website verwendet, auch im Blog, bei Twitter oder auf sonstigen Kanälen immer wieder einzusetzen. Auf diese Weise erhöht man das Google-Ranking der eigenen Website. Damit ist gemeint, wie weit vorne Ihre Website auftaucht, wenn ein bestimmter Begriff oder eine Begriffkombination in eine Suchmaschine eingegeben wird. Übrigens hat das nichts damit zu tun, wie oft Ihre Seite von Interessenten angeklickt oder »gelikt« wird. Google, unangefochtene Nummer 1 unter den Suchmaschinen, sortiert hier nur auf der Basis von Inhalten.

7.1 Welche Geige spielt Social Media heute im PR-Konzert?

Social Media wird meist in einem Atemzug mit Marketing und Management genannt. Gehört es überhaupt in den Bereich PR und Öffentlichkeitsarbeit? Die Übergänge sind fließend, ganz ähnlich, wie sie sich heute zwischen Journalismus, Öffentlichkeitsarbeit und Werbung darstellen. Neben der Pflege des Unternehmensimages, der Kommunikation mit Kunden, bzw. deren Bindung an das Unternehmen, geht es dabei zunehmend um den Verkauf von Waren und Dienstleistungen.

Besonders kleinere Unternehmen können von Social Media profitieren

Grund zur Freude für Unternehmensgründer und kleine Dienstleistungsunternehmen: Im Gegensatz zu den klassischen Werbeformen ist es wesentlich günstiger, sich in sozialen Netzwerken zu positionieren. Aber: Es ist Arbeit. Nicht selten sogar zeitaufwändige Arbeit, denn Sie müssen schon gut überlegen, welche Botschaften Sie in welcher Form präsentieren möchten, um »Traffic« zu generieren oder »Follower« bei der Stange zu halten. Doch keine Angst, wer ein vielseitiges Interesse für unterschiedliche Themen mitbringt, sich gerne mit anderen Menschen austauscht und Freude an guter Unterhaltung hat, findet als »Community Manager« oder »Content Curator« vielleicht genau die Spielwiese, auf die er oder sie immer gewartet hat. Wenn Sie ein guter Redner sind und andere für Ihr Thema begeistern können, lohnt sich auch eine Video-Präsenz auf YouTube. Egal wie: Sie werden gefunden. Denken Sie an die getanzte Kündigung! Vor dem Video war die junge Frau gänzlich unbekannt.

Beim »Bespielen« aller Sozialen Netzwerke ist emotionale Intelligenz gefordert. Erfolgreich ist in diesem Bereich, wer in der Lage ist, Stimmungen und Interessen innerhalb der Community schnell zu erkennen und entsprechend darauf zu reagieren. Wer über gut gewählte Themen und Inhalte Menschen zusammenbringt, profitiert doppelt.

Begriffsverwirrung?

»Traffic«, »Follower«, »Community«, »Tweets« – verwirren Sie die Begrifflichkeiten und vielen Anglizismen, die im Zusammenhang mit Social Media immer wieder auftauchen? Damit sind Sie nicht alleine! Lassen Sie sich nicht ins Boxhorn jagen von den »Content- und Community-Managern« und all den Merkwürdigkeiten, die sie im Gepäck haben. Viele Begriffe meinen ein und dasselbe. Wir werden uns bemühen, möglichst einheitlich und einfach zu bleiben. Viele Begriffe sind ohnehin »Werber-Schöpfungen« und Ausgeburten der Manie, die gleichen Inhalte immer wieder neu zu verpacken. Anglizismen haben eben einen ähnlichen Effekt wie Glitzerpapier und große Schleifen! »Traffic« bedeutet z.B. schlicht und ergreifend, wie viel Bewegung auf Ihrer Website ist, wie oft sie besucht wird. Eine »Community« bezeichnet die Gruppe von Menschen, die sich für ein und dasselbe Thema interessieren. Bei Twitter spricht man von »Followern«, wenn Menschen sich regelmäßig die Mitteilungen (»Tweets«) anschauen oder abonnieren, die dort »getwittert« , sprich versendet wurden. Bei Facebook nennt man diese Mitteilungen »posts«, das Verb dazu ist »posten«. Auf den »Content« – zu Deutsch »Inhalt« – und seine »Manager« kommen wir noch zu sprechen, denn das ist unser eigentliches Thema. Es ist eng verknüpft mit der Antwort auf die Frage, wie man News generiert und immer wieder neue Themen findet, um im Gespräch zu bleiben.

Was ist eigentlich Content-Management?

Unter »Content Management« versteht man die Produktion von immer neuen Inhalten, die man einem Sozialen Netz zur Verfügung stellt. Meist sind es Texte, aber auch Bilder, Videos und Grafiken. Erfolgsgeschichten aus dem Unternehmen sind ebenso »Content« wie hilfreiche Tipps, die Sie als Experten für Ihr Fachgebiet ausweisen. »Content Manager« reagieren auf aktuelle Meldungen und Entwicklungen in ihrem Fach- oder Interessensgebiet und nehmen dazu Stellung.

Sie weisen ihre Community auf hilfreiche oder neue Studien hin, diskutieren Unternehmensmeldungen aus ungewohnten Perspektiven, führen Interviews und erzählen – verpackt in Geschichten – wie das eigene Unternehmen mit besonderen Herausforderungen umgegangen ist. Sie lugen über den Tellerrand des eigenen Unternehmens hinaus und bieten ihren Lesern möglichst gute Anregungen zum Weiterlesen. Content Manager ist ein neuer Beruf, der mit den Sozialen Netzwerken entstanden ist. Große Unternehmen leisten sich Menschen, die sich hauptberuflich damit beschäftigen, Soziale Netzwerke zu »füttern«.

Man muss kein großes Unternehmen haben, um erfolgreich im Sozial Media Bereich zu agieren. Ein gutes Beispiel ist der Blog von Maler Deck, der sehr pfiffig vormacht, wie man im Arbeitsalltag Content generieren kann, der gern gelesen wird. In seinem Post vom 20.1. 2014 erzählt er beispielsweise unter der Headline »Wie super ist denn das? Azubi entlastet Chef, indem er clever und intelligent ein kurzfristig aufgetretenes Problem löst« wie einer seiner Mitarbeiter dank pfiffiger Handynutzung einen Kunden glücklich macht. Bitte beachten Sie die Überschrift: Sie ist zwar deutlich zu lang, aber sehr empathisch und macht neugierig. »Problem gelöst – Kunde glücklich – Azubi großartig!« So hätte man den Inhalt auch bündeln können. Aber Maler Deck hat seine eigene Sprache, die sehr authentisch rüberkommt – so funktioniert es eben manchmal auch! Malermeister Werner Deck ist mit seinen Erlebnissen und Tipps rund um seinen Beruf auch auf Facebook, Twitter und YouTube vertreten. Er berichtet, durch seine Social-Media-Aktivitäten hätten sich sowohl die Zugriffe auf seine Website, als auch sein Umsatz deutlich erhöht *http://www.malerdeck.de/blog/ueber-werner-deck* .

Hätten Sie gedacht, dass Social Media auch für einen Malermeister so profitabel sein kann? Lassen Sie sich von seinen Aktivitäten inspirieren, wie Sie die neuen Medien für sich einsetzen können.

7.2   Basics für Social-Media-Neulinge

Ganz gleich, auf welchen Social-Media-Kanälen Sie sich tummeln werden, ein paar Basics gelten für alle gleichermaßen:

- ‣ Aktualität zahlt sich aus. Pflegen Sie Ihre Kanäle regelmäßig und »füttern« Sie sie mit aktuellen Inhalten.
- ‣ Berichten Sie über interessante Entwicklungen in Ihrer Branche
- ‣ Analysieren Sie, welche Inhalte Ihre Kunden besonders interessieren und bedienen Sie dieses Interesse (auch dafür gibt es einen Begriff: »Monitoring«).
- ‣ Bauen Sie sich eine Online-Reputation auf, indem Sie sich zum Experten für Ihr Fachgebiet/Ihre Branche machen. Dafür müssen Sie viel lesen. Abonnieren Sie entsprechende Branchendienste und lesen Sie diese, ehe Sie morgens die erste E-Mail beantworten. Kommentieren Sie Beiträge in Blogs und Foren.
- ‣ Nutzen Sie die Möglichkeit, mit Ihren Kunden ins Gespräch zu kommen.
- ‣ Pflegen Sie einen höflichen Umgangston, bedanken Sie sich für Antworten oder »Re-Tweets«, reagieren Sie professionell auf Kritik.

Wie man an die passenden Inhalte für seine »Text- und Bildmeldungen« kommt, schauen wir uns gemeinsam an. Keine Angst, es ist weniger schwierig als es scheint. Mit dem Werkzeug eines Storytellers und dem Wissen über die Besonderheiten unterschiedlicher Textformen im Gepäck, kann gar nichts schiefgehen!

7.3   Präsenz auf allen Kanälen

Wenn es darum geht, die Aufmerksamkeit der Zielgruppe langfristig und immer wieder neu zu binden, ist die Organisation und Verteilung möglicher Themen von grundlegender Bedeutung. Wundern Sie sich nicht: Einige Themen werden überlappen, andere lassen sich eindeutig zuordnen, wieder andere müssen überhaupt erst einmal »gefunden« werden. Das gilt sowohl für Themen, die aus dem eigenen Haus kommen, als auch für fremde Inhalte, die man mit seinen verschiedenen Zielgruppen teilen möchte.

Auch wir mussten beim Schreiben überlegen, wie wir unsere Informationen am besten organisieren, um Ihnen bei der Organisation Ihrer eigenen Themen zu helfen. Dabei erwies sich das Textjournal wieder einmal als sehr hilfreich. Mindmaps und Cluster erleichterten unsere Arbeit und halfen, den Überblick zu bewahren.

Genau hinschauen und strategisch planen

Wir empfehlen Ihnen, sich die einzelnen Social-Media-Kanäle, die für Ihr Tätigkeitsfeld interessant sind, zuerst einmal anzuschauen. Das muss keine aufwändige Recherche sein, es geht nur darum, ein Gefühl dafür zu bekommen.

Auf Facebook werden Sie eher allgemeine Informationen finden – Öffnungszeiten, besondere Rabattaktionen, Kundenevents, Kommentare von Nutzern eines Angebotes. Noch erscheinen viele Facebook-Seiten selbst größerer Unternehmen wie eine Verlängerung der Unternehmenswebsite, bei anderen hat man den Eindruck, man wolle nur Präsenz zeigen. Hier können Sie sich noch mit guten Inhalten absetzen!

Communities wie Xing oder LinkedIn bieten darüber hinaus die Möglichkeit, sich selbst (z.B. als Kleinunternehmer) individuell zu präsentieren, besondere Kenntnisse zu kommunizieren und konkret Geschäftspartner zu suchen, bzw. sich als potentieller Geschäftspartner erkennen zu geben. Wenn es in Ihrer Branche einen hilfreichen Newsletter gibt, schauen Sie ihn gezielt nach Hinweisen auf Blogbeiträge an. Lesen Sie die Blogs, um ein Gefühl dafür zu bekommen, wie man sie »bespielen« kann.

Auf YouTube lohnt es sich aktiv zu sein, wenn Sie häufig Vorträge halten oder Menschen überzeugen möchten. Dort können Sie sich sympathisch und kompetent in Szene setzen – auch das ist wichtig, wenn es um Geschäftskontakte geht. Eine positive Ausstrahlung ist beinahe so wichtig wie Inhalte! Aber auch wenn Sie im wörtlichen Sinne etwas »auszustellen« haben oder eine Dienstleistung anbieten, bei der es auf die Optik ankommt (Einrichtungs- oder Typberater, Blumenhändlerin mit besonderem Dekorationsservice, Hochzeitsplaner etc.) lohnt es sich, ein Video auf YouTube zu stellen.

Übung 34: Wortfeldsammlung

Bitte legen Sie nun eine Sammlung mit Begriffen an, die für Ihr Unternehmen von Bedeutung sind. Bleiben Sie dabei nicht zu dicht an Ihrem Tätigkeitsbereich, beziehen Sie auch »entfernte Wortverwandte« mit ein. Lassen Sie es sprudeln! Wenn Ihnen gleich komplexe Themen einfallen, umso besser. Notieren Sie auch diese, vielleicht in einer anderen Farbe als die Begriffe. Auf diese Weise lassen sich neue Assoziationen und Verknüpfungsmöglichkeiten finden.

Übung 35: »Begriffe verschieben«

Verteilen Sie die so gewonnenen Themen auf einzelne Social-Media-Kanäle. Dabei ist ein Mindmap hilfreich: Bezeichnen Sie die einzelnen Äste mit dem Medium das Sie benutzen möchten, z.B. Facebook, LinkedIn, Xing, Twitter. Dann schauen Sie, welcher Inhalt zu welchem Medium passt. Anschließend widmen Sie sich den Unterästen, auf denen Sie die Aspekte notieren können, nach denen Sie Texte so umarbeiten können, dass sie auch auf andere Äste passen können.

Als Antwort auf die berechtigte Frage: »wo bringt man welche Informationen am besten unter?«, möchten wir Ihnen folgende, zugegebener Maßen vereinfachte Formel mit auf den Weg geben:

Basics und stark unternehmensbezogene Themen gehören auf die Website oder in den Newsletter. »Bewegliche Themen« sind »Content« für die unterschiedlichen Social-Media-Kanäle.

Sie haben einen bekannten Auftraggeber gewonnen? Das ist gut, denn wer einen dicken Fisch an Land zieht, wird von anderen als guter Angler wahrgenommen. Allerdings müssen die anderen das auch mitkriegen. Hübsch »verpackt« und am besten mit einem Foto garniert, gehört eine solche Meldung auf Facebook. Und selbstverständlich als Kurzinformation auch auf Twitter. Erinnern Sie sich noch an unsere Protagonistin Katie Schlemmer? Sie könnte das beispielsweise so machen:

Abnehmen mit Sport plus gesunder Ernährung! Ab sofort berate ich jeden Dienstag im tollen Ambiente von Holmes Place in Mitte. Freue mich!

140 Zeichen inklusive Leerzeichen, die maximale Twitter-Zeichenlänge, fast auf den Punkt gebracht. Es dürfen natürlich auch weniger Zeichen sein (hier sind es beispielsweise nur 139), Hauptsache, die Neuigkeit kommt positiv und begeistert rüber.

Übung 36: Zwitschern Sie mal!

Bitte schreiben Sie fünf Twitter-Meldungen aus Ihrem Unternehmen, von denen Sie denken, sie könnten Ihre Follower interessieren. Wenn Ihnen Kurztexte schwerfallen, gehen Sie in mehren Schritten vor:

1. Was wollen Sie mitteilen?
2. Was ist der Kern Ihrer Botschaft?
3. Welche Begriffe/Zusammenhänge kann man komprimiert auf den Punkt bringen? (z.B. statt »Wir sind jetzt auch bei Twitter, Facebook, LinkedIn und andere Netzwerken aktiv« »Wir nutzen jetzt Social Media«. Das ist zwar weniger konkret, aber die wichtigsten Kanäle sind genannt)
4. Streichen Sie alle Füllwörter.
5. Verwenden Sie aktive Verben.

Twittern: Muss man das eigentlich?

»Man muss nur sterben«, hat man uns als Kindern immer gesagt. Damit Ihr Unternehmen nicht unbemerkt bleibt, ist Twitter eine sinnvolle, weil kostengünstige und zeitsparende Methode, um sich zu positionieren. Twitter-Meldungen können wahlweise an einzelne Menschen oder an größere Personengruppen versendet werden. Je mehr »Follower« Sie erreichen, desto besser. Und wenn Sie die Twitter-Feeds der wichtigsten Meinungsbildner oder Newsseiten Ihrer Branche abonniert haben, sind auch Sie immer über die neusten Trends informiert. Praktisch: Über Twitter kann man auch einmal fachliche Fragen stellen – sie werden mit hoher Wahrscheinlichkeit von hilfreichen Nutzern beantwortet. Die freuen sich nämlich über die Möglichkeit, sich als Experten auszuweisen. Beherzigen Sie den Rat der Kommunikationsberaterin: Es handelt sich immer um ein Geben und Nehmen.

Es schadet übrigens auch nichts, zusätzliche Feeds aus Bereichen zu abonnieren und zu teilen, die Sie »nur« persönlich interessieren. Finden Sie dabei am besten eine gute Balance zwischen rein privaten Interessen und solchen, die Sie auch in der Öffentlichkeit präsentieren möchten. Interesse für Oldtimer zeigen ist okay, auf den Hinweis, dass Sie gerne Partner über Kontaktanzeigen suchen, sollten Sie besser verzichten. Grundsätzlich gilt: Vielseitigkeit fördert Ihre Kreativität und Ihr Ansehen in der Community. Und wer weiß, vielleicht kommen auch über gemeinsame Interessen wieder neue Geschäftskontakte zustande.

Wie man sich eine Twitter-Community aufbaut

Auch das kann man im Internet finden: Hilfreiche Tipps, wie man am besten vorgeht, wenn man die ersten Schritte ins Unbekannte wagt. Wir haben uns zu diesem Tipp von einem Post von Mirko Lange inspirieren lassen. Er rät, den Titel des Twitter-Namens an das Thema anzupassen, über das Sie sich austauschen möchten. Im sogenannten »Account« wird dann der echte Name angegeben. Unter »Design« wählt man als nächstes ein Hintergrundbild aus, unter »Picture« ein sympathisches Porträtfoto. Anschließend füllen Sie die Biografie aus und verlinken diese mit Ihrer Website und mit anderen Profilen, die Sie bereits haben, z.B. Xing, LinkedIn, YouTube oder andere. Damit steht Ihr Account und Sie können den ersten »Content« twittern: Tipps, Links, Kommentare zu Zeitungsartikeln etc. Mischen Sie ruhig ein paar Infos zu Ihrem Unternehmen unter – aber Vorsicht, Brancheninfos von allgemeinem Interesse sollten überwiegen. Mirko Lange empfiehlt, ca. 20 Meldungen zu twittern, ehe Sie in Foren nach Gleichgesinnten suchen. Wenn diese sich dann Ihren »Infostream«, also alles, was bislang getwittert wurde, anschauen, werden sie sich auf dieser Grundlage entscheiden, ob sie Ihnen folgen möchten oder nicht. Keine Angst, das ist weniger als Sie denken! 140 Zeichen sind sehr kurz!

Wenn der eigene Infokanal steht, können Sie sich auf die Suche nach Menschen machen, denen Sie folgen möchten. Beispielsweise können Sie unter *http://www.twellow.com/categories/business_blogging* nachschauen, wer für Ihr Fachgebiet interessant sein könnte. Noch unkomplizierter finden Sie die richtigen Blogs, wen Sie bei Google den Begriff »Blogs« mit Ihrem Fachgebiet kombinieren, z.B. »Blogs für Psychologen«. So ein Fund kann dann folgendermaßen aussehen:

http://www.scilogs.de/psychologie-des-alltags/blogs-zum-thema-psychologie/

und zu einem Blog wie dem von Thomas Grüter führen.

Die Internet-Illusion
26. Januar 2014 von Thomas Grüter

»Das Internet sei kaputt, beklagte sich Sascha Lobo in der FAZ. Überhaupt nicht, befindet Wirtschaftsredakteur Götz Hamann in der ZEIT vom 23.1.2014, im Gegenteil, Computerfirmen arbeiteten bereits daran, das Internet abhörsicher zu machen. Auch in der FAZ hat der

Redakteur Oliver Georgi der These von Lobo widersprochen. Das Internet sei nicht kaputt, weil es nie heil gewesen sei. Also: Wer hat recht? Die Antwort ist einfach: Keiner. Offenbar ist das Internet zu einem Fluchtpunkt für die Vorstellungen von einer idealen... weiter «

An diesen paar Sätzen lässt sich gut nachvollziehen, wie man sich eine Rolle als Experte aufbaut: Man verfolgt Diskussionen in der Presse und kommentiert sie. Wenn Sie nun einen Kommentar mit ein paar freundlichen Worten zum Autor und ein »follow me« hinterlassen, wird der Bloginhaber wahrscheinlich auch auf Ihre Website gehen und sich über Sie informieren. Wenn einige seiner Follower dies ebenfalls tun, haben Sie schon wieder »Traffic« für Ihre Website erzeugt.

7.4 Ei, wo bloggen Sie denn?

Inzwischen haben Sie zwar schon eine Menge Wissen über Blogs und Bloggen angehäuft. Sollten Sie sich dennoch fragen, wo Ihr Blog eigentlich angesiedelt sein muss oder sollte, dann ist das eine berechtigte Frage!

Braucht man einen »Blogspace« bei einem Anbieter wie Wordpress, Webspace, blogprojekt oder Myspace, oder reicht es aus, auf der eigenen Website einen Kategorie »Blog« zu eröffnen?

Leider nicht. Natürlich wäre es praktisch, nur eine Plattform pflegen zu müssen, aber technisch unterscheiden sich Blogs von herkömmlichen »Websites«. Allerdings ist es theoretisch möglich, die eigene Website auch auf einem Blog unterzubringen, bei wordpress beispielsweise ist es lediglich eine Frage der Vorauswahl, in welcher Reihenfolge die Beiträge gelistet werden – bei einem Blog kommt die aktuellste Nachricht immer zuerst, während auf einer »herkömmlichen Website« einmal eine Reihenfolge festgelegt wird, die dann grundsätzlich gilt.

Wer sich tiefgehender mit der Materie beschäftigen möchte und einen Blog sucht, auf dem Stamm- und Gastblogger aus unterschiedlichen Berufsfeldern kommentieren, kann als »Anlaufstelle« den Blog »Social Secrets« von Daniel Fürg anschauen. Laut Selbstdarstellung eint dieser Blogger das Interesse an »einem verständlichen, praktikablen und effizienten Social Media Marketing«. Dort sind auch sicherlich »Anfängerfragen« gut aufgehoben.

Content-Curation

Für die Themen, die man kommentierend aufgreift und weiter verbreitet, hat sich der Begriff »Content Curation« etabliert. Ursprünglich kommt er aus der Museumsarbeit. Dort ist jemand ein Kurator, der Kunstwerke zusammenstellt, systematisiert und für Ausstellungen vorbereitet. Meistens ist er oder sie selbst kein Künstler. So ist das auch in Sozialen Netzwerken: Der »Content Curator« produziert keinen eigenen Content, sondern durchforstet das Web nach Inhalten, die zu einem Thema passen, das für ihn und seine Zielgruppe interessant ist. Diese Inhalte »stellt er auf seiner Seite aus«, entweder als Zusammenfassung mit Link oder nur als Link mit einem Hinweis auf die Quelle. Achtung: Hier wird auf keinen Fall abgeschrieben! Erstens könnte das juristische Konsequenzen haben, und zweitens geht es darum zu zeigen, dass man sich in einem Wissensgebiet gut auskennt, Wichtiges von Unwichtigem unterscheiden kann, kurz: Experte ist. Das macht den Curator interessant für andere Nutzer, die dann auch gerne Inhalte zur Kenntnis nehmen, die Sie über Ihr eigenes Unternehmen verbreiten. Außerdem können Sie damit rechnen, als Experte empfohlen zu werden und dadurch Ihre Bekanntheit zu steigern. Mehr Klicks – mehr Öffentlichkeit. So einfach ist das. Nebeneffekt: Ihr Unternehmen wird unter relevanten Keywords gefunden und andere Nutzer werden Sie mit ihren eigenen Seiten verlinken, weil sie wissen, dass Sie auf Ihrer Seite viele gut aufbereitete Informationen zu ihrem Spezialgebiet finden. Im Unterschied zum Content-Manager ist der Curator spezialisierter. Ein Jäger und Sammler, aber kein Storyteller. Finden Sie heraus, was besser zu Ihnen und Ihrem Unternehmen passt!

Und noch ein Beispiel

Facebook   Google+   Linkaufbau   Mobiles Internet   SEO   Social Media

 (Quelle: www.bjoerntantau.com)

Viele gute Tipps, hilfreiche Links und Informationen zu Trends und technischen Finessen, finden Sie z.B. bei Björn Tantau. Seine Seite ist ein gelungenes Beispiel dafür, wie man eine Website optimal mit verschiedenen Social-Media-Kanälen verknüpft und sich durch Fachkenntnisse einen Namen macht. Surfen Sie doch einmal durch seine verschiedenen Web-Repräsentanzen und lassen Sie sich von den Möglichkeiten Inspirieren.

Die Zeit macht nur vor dem Teufel halt

Wie viel Zeit muss man eigentlich für die »Fütterung« seiner Social- Media-Kanäle investieren? Eine berechtigte Frage, wenn man Lesen, Recherchieren und schließlich das Schreiben von interessanten Posts realisieren möchte.

Es ist weniger aufwändig, als Sie vielleicht denken – vorausgesetzt, Sie haben ein wenig Übung. Aber man sollte sich darüber im Klaren sein, dass es zusätzliche Arbeit bedeutet. Gemäß einer aktuellen Studie, der eine Befragung von 12.000 Unternehmerinnen und Unternehmern auf der ganzen Welt zugrunde liegt, sind es sechs einhalb Stunden pro Woche, wenn Sie erfolgreich sein möchten. Durchgeführt wurde die Untersuchung von Ivan Mismer, dem Autor zahlreicher Bücher rund um das Thema Social Media und Social Networking. Befragte, die in dieser Studie nur zwei Stunden pro Woche investierten, gaben im Vergleich zu jenen mit dem maximalen Zeitaufwand an, geringen bis keinen Nutzen aus diesen Aktivitäten zu ziehen. »Fleißige« Networker hingegen gaben an, 47% Ihrer Geschäftstätigkeit aus diesen Aktivitäten zu generieren. In seiner Untersuchung stieß der Autor auf einen interessanten Geschlechterunterschied: Erfolgreiche Unternehmerinnen verbrachten zwar ungefähr eine halbe Stunde weniger Zeit in Sozialen Netzen, gaben aber gleichzeitig an, dass diese Aktivitäten ihnen leicht mehr Zulauf brachten (49,44 zu 43,6%). Ihr größerer Erfolg ist gemäß der Studie der Tatsache geschuldet, dass sie weniger Zeit mit »hartem Business« als mit dem Aufbau von persönlichen Beziehungen verbringen. (Quelle: Stefan Schaaf auf: *http://referralnetworker.com/2013/12/03/nettime-wieviel-zeit-sollten-wir-ins-networking-investieren/*)

Klingt plausibel, denn letztendlich ist meist erfolgreich wer »gut und sympathisch rüberkommt«. Trotzdem: Bleiben Sie kritisch. Lassen Sie sich nicht verunsichern. Bei allem Hype zum Thema Social Media sollte man immer im Auge behalten, dass hier auch ein neuer Geschäftsbereich für die Marketing- und Werbebranche entstanden ist. Manch ein Blogger zielt mit solchen Meldungen darauf ab, Kundschaft für sein Beratungsunternehmen zu generieren. Denn immer mehr Agenturen schreiben sich »Content-Erstellung« auf ihre Fahnen. Also lehnen Sie sich zurück, denken an Mehrfachnutzung und entspannen Sie sich.

Übung 37: Locker bloggen

Schreiben Sie einen Blogbeitrag über eine TV-Sendung, die Sie kürzlich gesehen haben. Ob Krimi, Serie oder Dokumentation. Bei dieser Aufgabe geht es »nur« darum zu zeigen, was Sie begeistert, geärgert oder nachdenklich gemacht hat. Diese Übung eignet sich gut, um Ihre eigene Schreibstimme zu trainieren – denn die sollte sich bei allen Äußerungen in Sozialen Netzwerken wiedererkennen lassen. Also: geben Sie Ihrem Text eine persönliche Note! Sie dürfen zum Beispiel erzählen, wo Sie Ihre Sendung geschaut haben, mit wem, wie Sie sich darauf vorbereitet haben und vieles mehr. Erzählen Sie eine Geschichte!

Übung 37: Kommentieren Sie!

Schlüpfen Sie bitte in die Rolle eines TV-Kommentators und stellen Sie sich vor, Sie sollten für Ihre Lieblingszeitung einen Kommentar zu einer Sendung schreiben, die Sie immer wieder gerne anschauen. Bitte beachten Sie dabei die Merkmale eines Kommentars, wie wir sie im Kapitel »Pressearbeit« beschrieben haben. Tipp: Vergleiche mit ähnlichen Sendungen machen sich auch gut!

Übung 38: Einmal kürzen, bitte!

Kürzen Sie Ihren Kommentar auf 140 Zeichen!

7.5 Nicht vergessen: Mehrfachverwertung!

Ehe wir uns vom Thema Social Media verabschieden, möchten wir noch einmal auf den Hinweis zurückkommen, dass alle Themen, die Sie rund um

Ihr Unternehmen finden, nicht nur mehrfach verwertet werden *können*, sondern sogar *sollten*.

Beteiligen Sie sich an Charity-Aktionen? Dann stellen Sie dazu einen Artikel mit vielen bunten Fotos auf Ihre Website. Wählen Sie ein prägnantes Motiv aus, schreiben Sie dazu einen ungewöhnlichen Text, stellen Sie ihn auf Ihre Facebook-Seite und verweisen Sie darauf, dass mehr Infos auf der Website zu finden sind. Twittern Sie etwas über Ihr Engagement. Schreiben Sie im Blog etwas über das Thema, für das Sie sich einsetzen und ermutigen Sie Ihre Leser, das Projekt ebenfalls mit Aktionen zu unterstützen. Mit einem anderen Aufhänger können Sie das auch in einer Xing-Gruppe kommunizieren. Übrigens: Es muss nicht immer eine große und medienwirksame Charity-Aktion sein. Im Internet werden Sie immer wieder aufgefordert, sich an Petitionen zu beteiligen. Wenn eine dieser Petitionen Ihnen ein Engagement wert ist, können Sie auch darüber ein Stück Öffentlichkeitsarbeit entwickeln. Das macht weniger Arbeit als Sie vielleicht vermuten: Es ist durchaus legitim, die Berichte zum Erfolg des jeweiligen Engagements auf den unterschiedlichen Kanälen mit anderen zu teilen. Ausführlicher können Sie – sofern Sie Zeit und Lust dazu haben – auf Ihrem Blog darüber berichten!

Die erfolgreichsten Azubis, das familienfreundlichste Arbeitszeitmodell oder das wöchentlich stattfindende vegane Kochevent in Ihrer Mitarbeiterküche – all das sind Themen für Mitarbeiter- und Kundennewsletter, ein Foto auf Facebook und einen kurzen Tweet. Wohlgemerkt – jedes Mal anders »aufgehängt«: Informativ im Kundennewsletter, mit einem Rezept versehen im Mitarbeiternewsletter (Etwa so: »Micha war so begeistert, dass er nach dem Rezept gefragt hat. Hier kommt es noch mal für alle«.), Foto mit Bildunterzeile auf Facebook. »Claudia outete sich diese Woche beim Vegan-Day als Korianderschnüfflerin«. Als Tweet »Ich gestehe: Steaks sind mir lieber. Aber sie haben was, die Veganer-Tage im Büro«.

Denken Sie auch an Themen, die noch weiter am Rand Ihres Kerngeschäftes liegen: Als Immobilienmakler können Sie sich von aktuellen Einrichtungstrends inspirieren lassen, im Tweet auf die wichtigsten Möbel- oder Dekorationsmessen hinweisen, auf Architekturpreise aufmerksam machen.

Übung 40: Zevenaar

Schreiben Sie zur Entspannung doch einmal ein Zevenaar. Ein Zevenaar ist ein kleines Gedicht mit sieben Zeilen und funktioniert so:

1. Zeile: Ein Ort (z.B. im Büro)
2. Zeile: Sie tun etwas – schreiben Sie eine Zeile in der 'ich' oder 'mich' vorkommt
3. Zeile: Etwas fällt Ihnen bildhaft auf/eine Frage kommt auf

   ‣ Sie entdecken ein Detail
   ‣ Sie stellen es wie mit einem Zoom scharf
   ‣ Zeilen 6 und 7 sind identisch mit 1 und 2.

Beispiel:

Am Schreibtisch schmorend
such´ ich fieberhaft nach einem Blogthema.
Welches Thema hatten wir noch nicht?
Mein Blick fällt auf den Reiseprospekt
Glückliche Gesichter. Blaues Meer. Urlaubsvorfreude schüren?
Am Schreibtisch schmorend
such´ ich fieberhaft nach einem Blogthema.

Wenn Sie so ein kleines Stück Alltagslyrik auf Ihrer Facebook-Seite veröffentlichen, haben Sie schon mehr Kreativität bewiesen als die Content-Verantwortlichen vieler Großunternehmen!

7.6 Meilenstein

Herzlichen Glückwunsch! Sie haben nun die wichtigsten Basics »drauf« die Sie benötigen, um sich in der Welt des Social Media zu bewegen. Legen Sie los! Und schauen Sie ruhig auf andere Blogs, um Ideen zu bekommen.

Kapitel 8

Schreiben für Ihre Work-Life-Balance

Alle reden von Gesundheit, Achtsamkeit und Work-Life-Balance. Wir schreiben darüber und leiten an, **dafür** zu schreiben. Gesundheitsförderndes Kreatives Schreiben (GKS) ist unsere Spezialität. Nie gehört? Kein Wunder, denn unser Ansatz ist neu.

Wir haben uns intensiv mit aktuellen Forschungsergebnissen aus Medizin, Gesundheitsprävention, Glücks- und Kreativitätsforschung beschäftigt und diese mit schreibdidaktischen und -therapeutischen Ansätzen verbunden. Herausgekommen ist dabei unser Ansatz des Gesundheitsfördernden Kreativen Schreiben (GKS). Das ist eine Kombination von Übungen zur Bewusstmachung individueller Stärken und Ressourcen, der Wahrnehmung von Glücksmomenten und der Freude an kleinen und großen Zielen, die Sie in Ihrem Leben bereits erreicht haben. In unseren Workshops verbinden wir diese Übungen mit Workouts zur Stärkung der Bauch- und Rückenmuskulatur und mit Entspannungstechniken.

Doch allein schon die schriftliche Bearbeitung unserer Schreibaufgaben wirkt

- entlastend
- bereitet Freude und führt in den kreativen Flow
- trägt zur Klärung in Entscheidungssituationen bei
- und fördert Ihre persönliche Entwicklung – ganz einfach, weil Ihr Selbstvertrauen mit jedem persönlichen Text wächst.

In der ungehemmten Freude am Spiel mit Worten und Gedanken, der Auseinandersetzung mit sich selbst und der Welt, der Erkenntnis, den Widrigkeiten des Lebens nicht hilflos ausgesetzt zu sein, entfaltet sich die heilende Wirkung des Schreibens. Dabei entsteht jene seelische Widerstandskraft, die in der Resilienz-Forschung als Selbstwirksamkeit bezeichnet wird. Sie hilft uns Menschen dabei, mit Selbstvertrauen auch an Anforderungen heranzugehen, die im ersten Moment Ängste erzeugen. Erinnern wir uns daran, bereits ähnliche Veränderungen oder Aufgaben bewältigt zu haben, fällt es leichter, sich neuen Herausforderungen zu stellen und den Mut aufzubringen, ungewohnt kreative Möglichkeiten auszuloten. All das kann man mit Gesundheitsförderndem Kreativen Schreiben trainieren und erreichen.

Aktuelle Studien zur Schreibwirksamkeits-Forschung belegen, wie hilfreich Kreatives Schreiben sein kann, wenn man belastende Arbeitsbedingungen bewältigen möchte. Schreiben entlastet, wenn man sich mit schwierigen Lebenssituationen oder -ereignissen auseinandersetzen muss, sich von fremden Anforderungen und/oder dem eigenen Perfektionsanspruch überfordert fühlt. Es fördert die Achtsamkeit für die eigenen Bedürfnisse und kann als Hilfe zur Selbsthilfe eingesetzt werden: Wer die richtigen Übungen kennt, profitiert schneller und effektiver von seinen Selbstheilungskräften als von einer Verhaltenstherapie. Denn wenn wir schreiben, kommen wir besser und gezielter als nur sprechend an unser Unterbewusstsein heran. Vera Birkenbiel hat das mit einem Eisberg verglichen: Nur zehn Prozent Bewusstes schaut über der Wasseroberfläche hervor, die restlichen 90 Prozent liegen in der Tiefe. Wer sich selbst, seine Bedürfnisse und Motivationen besser versteht, fühlt sich nicht nur »leichter«, sondern kommuniziert auch unverkrampfter und offener mit seinen Mitmenschen. Und das erleichtert viele Alltagssituationen! Zeigen Sie Zivilisationskrankheiten schreibend die rote Karte: Nachweislich haben Herz-Kreislauferkrankungen, Depressionen, Burnout und ein geschwächtes Immunsystem viel damit zu tun, wie wir mit uns und anderen umgehen.

Wir möchten Sie hier nicht mit grauer Theorie belasten, sondern Sie einladen, die nachfolgenden Übungen auszuprobieren und anschließend für sich festzuhalten, wie sie gewirkt und was sie für Sie bewirkt haben. Denn wie beim Sport gilt auch hier: Einmal reicht nicht. Achtsamkeit für sich selbst, die Wahrnehmung kleiner Glücksmomente, Zufriedenheit im richtigen Moment genießen – all das muss man wie einen Muskel immer wieder trainieren. Die gute Nachricht kommt aus der Gehirnforschung: Wenn Sie sich darauf einlassen und immer mal wieder ein neues (Übungs-) Element integrieren, werden Sie bald eine positive Veränderung in Ihrer Haltung zu sich und der Welt feststellen. »Schöne Momente«, schreibt der Neurophysiologe Dr. Rick Hanson, »verändern die Architektur des Gehirns und erfüllen Sie mit Selbstvertrauen, Zufriedenheit, Wohlbefinden und dem Gefühl, für andere von Wert zu sein. Und das wird sich positiv auf Ihre Gesundheit niederschlagen«.

Übrigens: Sie müssen unsere Übungsvorschläge nicht in dieser Reihenfolge ausprobieren. Aber Sie profitieren davon, wenn Sie sich zum Ziel setzen, täglich eine Schreibübung zu praktizieren. Wenn Sie dieses »Training« am Morgen, gleich nach dem Aufstehen in das kleine Ritual einbauen, was wir hier als Tipp beschreiben, haben Sie zusätzlich eine Möglichkeit geschaffen, sich positiv auf den Tag einzustimmen und Ihre Kraft voll zu entfalten.

Tipp

Beginnen Sie den Tag mit einer Kurzmeditation. Nehmen Sie dazu eine bequeme Sitzhaltung ein, schließen Sie noch einmal die Augen und atmen Sie zehn mal tief ein und aus. Beobachten Sie dabei, wie Ihr Atem durch den Körper fließt und genießen Sie die Entspannung, die dabei entsteht. Dann öffnen Sie Ihre Augen und notieren Sie sich zuerst, was Sie an diesem Tag für Ihr Wohlbefinden brauchen und was Sie sich wünschen. Dann nehmen Sie sich zehn Minuten für eine kleine Schreibübung.

12 Übungen zum Gesundheitsfördernden Kreativen Schreiben

Übung 1: Schreiben Sie eine Liste

Zehn Dinge/Tätigkeiten oder Menschen, die mich **immer** in gute Laune versetzen.

Übung 2: Glücklich sein

Freewriting: Schreiben Sie ohne weiter nachzudenken auf, was Glücklich sein im Gegensatz zu »Glück haben« (wie beim Lottogewinn) für Sie persönlich bedeutet. In welchen Situationen fühlen Sie sich glücklich? Wie fühlt sich das Glück körperlich an?

Was brauchen Sie zum Glücklichsein? Achten Sie beim Schreiben nicht auf Ihre Orthographie, Satzaufbau, Logik. Schreiben Sie einfach und lassen Sie sich überraschen, was anschließend auf Ihrem Blatt steht.

Übung 3: Telefonat mit dem Glück

Stellen Sie sich vor, Sie rufen das Glück an. Was möchten Sie ihm sagen?

Möchten Sie fragen, wann es das nächste Mal zu Ihnen kommt? Oder warum es sich in letzter Zeit so selten gemeldet hat? Wechseln Sie schreibend die Perspektiven.

Übung 4: Mit allen Sinnen eintauchen: Ein Glücksmoment

Beschreiben Sie mit allen Sinnen einen sehr glücklichen Augenblick in Ihrem Leben.

Versuchen Sie sich im Laufe des Tages, immer wieder an diesen Moment zu erinnern – besonders dann, wenn Sie sich gerade ärgern oder gestresst fühlen.

Übung 5: Unterstützer

Unternehmen Sie eine Zeitreise und notieren Sie alle Menschen, die in Ihrem Leben an Sie und Ihre Fähigkeiten geglaubt, Sie ermutigt und unterstützt haben. Ordnen Sie die Namen bestimmten Situationen zu und danken Sie für die Unterstützung, z.B. Mathelehrer Dr. P. – Vielen Dank, dass Sie mir den Weg in die Zukunft nicht verbaut haben, obwohl ich eine schlechte Matheschülerin war. Danke, dass Sie meine anderen Stärken wahrnehmen konnten.

Übung 6: Jetzt!

Fragen Sie sich manchmal, wie Ihr Leben verlaufen wäre, wenn Sie an einer bestimmten Weggabelung anders entschieden hätten? Notieren Sie diese Momente. Dann denken Sie schreibend darüber nach, was an Ihrer jetzigen Lebenssituation gut ist. Verabschieden Sie sich im letzten Absatz Ihres Textes von den »Weggabelungen« und versprechen Sie sich, ab sofort das Hier und Jetzt zu würdigen. Sollte Ihnen das nicht gelingen, ist es an der Zeit, über Veränderungen nachzudenken.

Übung 7: Freudige Momente sammeln

Notieren Sie einen Tag lang jede kleine Freude, jeden noch so winzigen Glücksmoment. Wenn Sie wider Erwarten einen Parkplatz vor dem Haus gefunden haben, das Gefühl wenn Ihr Kind Ihnen mit ausgestreckten Armen entgegengelaufen kommt, das kurze Telefonat mit einem Freund/ einer Freundin, die angenehme Erschöpfung nach dem Sport.

Übung 8: Imaginäre Leben

Wenn Sie noch fünf weitere Leben hätten, was würden Sie in diesen Leben tun? Wo würden Sie leben, welchen Beruf hätten Sie, was würden Sie in Ihrer Freizeit tun?

Bitte schreiben Sie alles auf, was Ihnen dazu einfällt, ohne zu überlegen. Ihre fiktiven Leben sollen Ihnen möglichst viel Freude bescheren. Wenn Sie Ihren Text geschrieben haben, prüfen Sie, welche kleinen Freuden Sie in Ihr jetziges Leben einbauen können. Sie würden gerne ein Schlagzeuger in einer Rockband sein? Dann überlegen Sie sich, ob Sie sich vielleicht ein elektronisches Schlagzeug kaufen und ab sofort zuhause rocken. Vielleicht möchten Sie sich auch einer Gruppe anschließen, die in ihrer Freizeit musiziert? Im Internet werden Sie bestimmt Gleichgesinnte finden.

Übung 9: Elfchen zum Wohlfühlort

Ein Elfchen ist ein kleines Gedicht aus nur elf Worten und wunderbar geeignet, ein schönes Gefühl zu komprimieren. Denken Sie bitte an einen Ort, an dem Sie sich immer wieder wohl fühlen. Dann schreiben Sie ein kleines Gedicht:

Überschrift: Ein Wort

Zeile 2: zwei Worte

Zeile 3: drei Worte

Zeile 4: vier Worte

Zeile 5: ein Wort, das entweder eine Quintessenz des Geschriebenen ist oder eine Pointe.

Schreiben Sie Ihr Elfchen auf einen Zettel und tragen Sie es irgendwo, wo Sie es immer wieder herausziehen können, wenn Sie sich gerade ganz woandershin wünschen. Sie werden sehen, es wird Ihnen immer wieder ein Lächeln ins Gesicht zaubern und Sie allein dadurch wieder in die Positivzone bringen.

Übung 10: Loben Sie sich!

Bitte listen Sie auf, was Sie in Ihrem Leben schon alles geschafft haben. Welche Schwierigkeiten Sie überwunden haben, welche kleinen Fortschritte Sie in Ihrem Verhalten gemacht haben, was Sie gut können. Schalten Sie dabei die kleine, unfreundliche Stimme aus, die Ihnen sagen möchte, das sei doch wirklich nichts Tolles, oder Sie sollten sich mal nichts darauf einbilden. Diese Stimme gehört Ihrem »inneren Zensor«, dem Bösewicht, der alle Entmutiger Ihres Lebens in einer Person vereint. Wenn er sich nicht gleich auf stumm schalten lässt, entlarven Sie ihn zuerst mit der folgenden Übung:

Übung 11: Dialog mit dem inneren Zensor

Machen Sie zunächst eine kleine Vorübung. Überlegen Sie, wer Sie in welcher Lebensphase mit welchen Sätzen dauerhaft verletzt oder entmutigt hat, etwas auszuprobieren, das Ihnen wirklich wichtig war. Musiker werden, beispielsweise. Oder Profi-Fußballer oder Medizin zu studieren, obwohl Sie nicht auf Anhieb den Numerus Clausus geschafft haben. Identifizieren Sie die »giftigen Sätze« (man nennt sie auch Negativaffirmationen) und die Personen, die sie Ihnen eingebläut haben. Dann formulieren Sie diese Sätze für sich um. Aus »Das schaffst Du sowieso nie!« wird »Ich habe schon eine Menge geschafft und schaffe auch das«. Schreiben Sie dann einen Dialog mit Ihrem inneren Zensor, in dem Sie mit ihm abrechnen. Sagen Sie ihm »ich weiß, wer Du bist« und nennen Sie Namen. Dann sagen Sie ihm klipp und klar, dass Sie sich von ihm nicht länger terrorisieren lassen.

Diese Übung werden Sie vermutlich mehrfach wiederholen müssen. Aber Sie können sicher sein, dass sich Ihre Haltung zum Leben anschließend verändert.

Übung 12: Brief an ein jüngeres Ich

Stellen Sie sich vor, Sie sind 80 Jahre alt. Schreiben Sie aus dieser Perspektive einen Brief an sich selbst im Alter von 12 Jahren. Erinnern Sie sich an Ihre Jugendträume und Hoffnungen und wertschätzen Sie, was Sie im Leben erreicht haben. Finden Sie dabei eine Vision für Ihr Alter. Wie und wo möchten Sie leben? Was wird Sie im Alter beglücken?

Wir wünschen Ihnen eine schöne Zukunft in einem gelingenden, glücklichen Leben!

Anhang

A.1   Übungs- und Methodenglossar

Übungen zum Gesundheitsfördernden Kreativen Schreiben (GKS)

A.2 Literaturverzeichnis

Kreatives Schreiben:

Diehm, Susanne, Hach, Lena: Wie Kreatives Schreiben beflügelt – auf dem Weg zum Traumjob, Schibri-Verlag, Berlin: 2012

Diehm, Susanne, Firnkes, Michael: Die Macht der Worte. Schreiben als Beruf. Verlag mitp Business, Heidelberg/Frechen: 2013

Diehm, Susanne: Hannahs fabelhafte Welt des Kreativen Schreibens, Schibri-Verlag, Strasburg: 2013.

Diehm, Susanne: Schreibtherapie. Auf dem Weg zum Glück, epubli-Verlag, Berlin: 2014.

Firnkes, Michael: Blog Boosting. Marketing, Content, Design, SEO, mitp-Verlag, Frechen, 2012.

Franck, Norbert: Praxiswissen Presse- und Öffentlichkeitsarbeit. Ein Leitfaden für Verbände, Vereine und Institutionen, 2. aktualisierte Auflage, VS Verlag für Sozialwissenschaften, Wiesbaden: 2012

Gesing, Fritz: Kreativ schreiben. Handwerk und Technik des Erzählens, Dumont, Köln: 1994

Hanson, Rick: Denken wie ein Buddha. Gesundheit und innere Stärke durch Achtsamkeit. Wie wir unser Gehirn positiv verändern, Irisana, München: 2013

Michaud, Jutta: Und so was kommt dabei heraus, Kreatives Schreiben in der Gruppe, Epubli, Berlin: 2012

Michaud, Jutta: Schwimmkind. epubli-Verlag, Berlin: 2012.

Michaud, Jutta: Kunst- und Kreativitätstherapie. Auf dem Weg zur Erfüllung, epubli-Verlag, Berlin: 2014.

Ortner, Hanspeter: Schreiben und Denken, Niemeyer: Tübingen 2000

Rico, Gabriele: Garantiert Schreiben Lernen. Sprachliche Kreativität methodisch entwickeln – ein Intensivkurs auf der Grundlage der Gehirnforschung, Reinbek: 1983

Scheuermann, Ulrike: Wer reden kann, macht Eindruck.Wer schreiben kann, macht Karriere. Ein Schreibfitnessprogramm für mehr Erfolg im Job, Linde international, Wien: 2009

Von Werder, Lutz: Lehrbuch des Kreativen Schreibens, Matrix Verlag, Wiesbaden: 2007

Vorsatz, Marc: »Wilder Westen ganz zahm. Bei Cowboys am Lagerfeuer«, in: Die Welt 12.5. 2012

Wate, Lothar: Kommunikation und Kommunikatives Handeln. Band 1-5, University Press, Umc Potsdam 2004

Quellen aus dem Internet:

Zitierte Unternehmensseiten:
http://www.axentris.de

http://www.somatex.com

http://www.tafel.de/nc/startseite.html

http://www.pampers.de

http://www.prinzipeins.de/leistungen

http://www.unicef.de

http://www.urlaubspiraten.de

http://www.vill-hapke.de/home.html

http://www.zalando.de/

Presseseiten
http://www.media-crew-mitte.de/marc/

*http://www.kreative-chaoten.com/metamenu/presse/
medienspiegel.html*

http://media.daimler.com/dcmedia

http://www.kununu.com/info/presse

Pressedienste

http://www.newsaktuell.de/
http://www.presseportal.de
http://www.pgnewsroom.de/daten-und-fakten
http://www.zimpel.de/

Blogs

http://www.scilogs.de/psychologie-des-alltags/blogs-zum-thema-psychologie/
http://www.scilogs.de/gedankenwerkstatt/author/grueter/
http://www.heide-liebmann.de/blog/2008/02/16/wie-viel-networking-braucht-der-mensch-teil-ii/
http://lightparc.net/2013/12/09/welche-social-media-trends-erwarten-uns-aber-2014/
http://www.malerdeck.de/blog/ueber-werner-deck
http://blog.namics.com/2009/08/namics-professi.html
http://bjoerntantau.com/
http://www.threeheadedmonkeys.com/de/home.html
http://www.twellow.com/categories/business_blogging
http://t3n.de/news/content-marketing-ideen-527750/
http://www.youtube.com/watch?v=Ew_tdY0V4Zo&feature=player_embedded
http://www.selbstaendig-im-netz.de/2012/10/23/geld-verdienen/geld-verdienen-mit-youtube/
http://referralnetworker.com/2013/12/03/nettime-wieviel-zeit-sollten-wir-ins-networking-investieren/

Sonstige

http://nullbarriere.de/arztpraxis-barrierefrei.htm
http://www.vhs.de/de/volkshochschulen-in-berlin.html.
http://leanderwattig.de/index.php/ueber-mich/
http://www.websitedesjahres.de

Index

Sabrina Kirnapci

Erfolgreiche Webtexte

Online-Shops und Webseiten inhaltlich optimieren

- Optischer und inhaltlicher Aufbau von Webtexten
- Ansprache der Zielgruppe
- Keywords für die Suchmaschinenoptimierung

Webtexte dienen der Suchmaschinenoptimierung, Kundengewinnung, Benutzerführung, Verkaufsförderung und Kundenbindung. Sie sind neben aussagekräftigen Bildern das wichtigste verkaufsfördernde Werkzeug einer kommerziellen Webseite oder eines Online-Shops.

Erfolgreiche Webtexte sind auf das Leseverhalten im Internet abgestimmt. Sie enthalten relevante Suchbegriffe, damit die Webseite von den Suchmaschinen richtig in den Index eingeordnet und bei entsprechenden Suchanfragen gelistet wird. Auch eine auf Produkt und Zielgruppe abgestimmte Tonalität ist ein wichtiger Erfolgsfaktor.

In diesem Ratgeber erhalten Sie Tipps zum optischen und inhaltlichen Aufbau erfolgreicher Webtexte und lernen, wie Sie den Leser gezielt ansprechen. Die Basistexte der Webseite sind ebenso ein Thema wie Pressemitteilungen fürs Web, Blogtexte und Meldungen in den sozialen Netzwerken. Shopbetreiber erfahren, wie sie

mit Kategorietexten und Produktbeschreibungen den Umsatz ankurbeln können. Sie erhalten Tipps zur Suchmaschinenoptimierung und zum Linkaufbau und erfahren, worauf sie beim Kauf von Webtexten achten sollten. Texter profitieren von der Zusammenstellung kostenloser Texter-Tools und nützlicher Formeln.

Mit diesem praktischen Handbuch erlernen Sie die Grundlagen zum Schreiben eigener erfolgreicher Webtexte.

Über die Autorin:

Sabrina Kirnapci ist freie Hörfunk-Redakteurin, war in PR-Abteilungen mittelständischer Unternehmen festangestellt und arbeitete als freie Texterin für Werbe- und SEO-Agenturen. 2007 gründete sie die Textagentur Ki-Worte, die 2010 in shoptexte.de umbenannt wurde. Als Expertin für Webtexte und Shoptexte hat sie bereits diverse Fachartikel zu den Themen »Redaktionelle Suchmaschinenoptimierung«, »Online-Marketing« und »Online-PR« veröffentlicht.

Probekapitel und Infos erhalten Sie unter:
www.mitp.de/9084

ISBN 978-3-8266-9084-6

David Meerman Scott

Die neuen Marketing- und PR-Regeln im Social Web

Wie Sie mit Social Media und Content Marketing, Blogs, Pressemitteilungen und viralem Marketing Ihre Kunden erreichen

■ **Zahlreiche Fallstudien und Beispiele für erfolgreiches Content Marketing**

■ **Alle Social-Media-Kanäle effektiv nutzen: Pinterest, Instagram, YouTube, Twitter, Facebook uvm.**

■ **Aufmerksamkeit erregen durch interessante Inhalte und Echtzeit-Meldungen zu aktuellen Ereignissen**

Die neuen Marketing- und PR-Regeln im Social Web
Wie Sie mit Social Media und Content Marketing, Blogs, Pressemitteilungen und viralem Marketing Ihre Kunden erreichen

4. Auflage

Das Internet hat die Art und Weise, wie Menschen miteinander kommunizieren und wie Unternehmen mit potenziellen Kunden interagieren können, grundlegend verändert. Während Zielgruppen früher nur durch aufwändige und teure Werbung erreicht werden konnten, bietet das Internet heute zahlreiche neue und effektive Wege, Kunden direkt auf sich aufmerksam zu machen und eine persönliche Beziehung mit ihnen aufzubauen.

Diese einzigartige Anleitung für modernes Online-, Social-Media- und Content Marketing zeigt Ihnen, welches Potential die webbasierte Kommunikation und Social Media Ihnen eröffnen. Der Schlüssel zum Erfolg sind Aufmerksamkeit erregende Inhalte, die Sie zum passenden Zeitpunkt in den dafür besten Kanälen verbreiten.

Mittel zum Zweck sind Blogs, Podcasting, Online-Videos, Bilder, Fotos und Infografiken über Pinterest und Instagram, Facebook, Twitter, Pressemitteilungen, virales und Mobile Marketing sowie Echtzeit-Meldungen zu aktuellen Geschehnissen. Der Autor zeigt Ihnen, wie Sie Ihre Zielgruppen identifizieren, überzeugende Botschaften formulieren, diese über die richtigen Kanäle verbreiten und die Konsumenten zum Kauf anregen.

Die aktualisierte und erweiterte vierte Auflage zeigt überzeugende Fallstudien und anschauliche Beispiele von Firmen, die erfolgreich ihre Kunden erreicht haben. So erhalten Sie zahlreiche neue Ideen für Ihre eigenen Marketing-Strategien.

David Meerman Scott ist ein preisgekrönter Online-Thought-Leadership-Stratege. Mit den von ihm entwickelten Marketing-Programmen wurden Produkte und Dienstleistungen im Wert von über einer Milliarde Dollar weltweit verkauft.

Probekapitel und Infos erhalten Sie unter:
www.mitp.de/8206

ISBN 978-3-8266-8206-3

Susanne Diehm, Michael Firnkes

Die Macht der Worte
Schreiben als Beruf

■ 20 Interviews mit Experten aus
neuen Schreibberufen

■ Mit Ausarbeitungen aller
wichtigen Themen zum
professionellen Schreiben

■ Für Profis und alle, die ihr Hobby
zum Beruf machen wollen

Buch-PR
Bloggen
Fundraising
Audioguides
Schreib-Yoga
Netzwerken
Schreibzentrum
Schreibcoaching
Schreibpädagogik
Corporate Blogging
Texten im Kundenauftrag
Social Media Management
Kreative Leitung & Dozent
Unternehmenskommunikation
E-Books für Kindle & Co.
Wissenschaftliche Schreibberatung
Suchmaschinenoptimiertes Schreiben
Texten für Onlineshops
Online-Ratgeber
Schreibtherapie

Susanne
Diehm
Michael
Firnkes

Die Macht der Worte
Schreiben als Beruf

Guter Content ist die Basis für Erfolg – online und offline. Gute Texter werden in allen Bereichen immer häufiger gesucht. Gleichzeitig träumen mehr und mehr Menschen davon, in einem Schreibberuf ihr Geld zu verdienen. Und es gibt viel mehr Möglichkeiten vom Schreiben zu leben, als man denkt.

Die Autoren Susanne Diehm und Michael Firnkes führen Interviews mit zahlreichen Autoren und Textern aus den unterschiedlichsten Feldern: von der Social Media Beraterin und dem PR-Profi über Schreibberatung und -therapie bis hin zur Autorin von Erotik-E-Books. Die Erkenntnisse aus den Interviews werden in jedem Kapitel nutzbringend aufbereitet und zusammengefasst: Wie ist der Werdegang für diesen Beruf und was sind die typischen Arbeitsaufgaben? Welchen Herausforderungen

müssen sich die Profischreiber stellen? Wie lange dauert es, bis sich der finanzielle Erfolg einstellt? Aber auch: Was muss ich bei Selbstständigkeit beachten? Wie überwinde ich Schreibblockaden? Was ist guter Schreibstil?

Das Buch ist eine Orientierungshilfe für das weite Feld der Schreibberufe – für Einsteiger, die wissen wollen, welche Art des Schreibens zu ihnen passt und wie sie ihr Hobby zum Beruf machen können. Gleichzeitig ist es ein Nachschlagewerk für den »Schreibprofi«, der seine Kenntnisse über Kreatives Schreiben auffrischen will und neue Betätigungsfelder sucht.

Probekapitel und Infos erhalten Sie unter:
www.mitp.de/9192

ISBN 978-3-8266-9192-8

Peter Guber

TELL TO WIN
Mit Storytelling beeindrucken, überzeugen und ans Ziel kommen

Geschichten können Menschen inspirieren und zum Handeln bewegen, denn immer spielen Emotionen bewusst oder unbewusst eine Rolle. Geschäftspartner, Kunden und Mitarbeiter lassen sich von Visionen und neuen Projekten viel leichter erfolgreich überzeugen, wenn Geschichten erzählt werden, die das Vorhaben anschaulich machen und an die sich die Zuhörer erinnern können.

Mit anderen Worten: Können Sie Ihr Vorhaben nicht in einer Geschichte verpacken, dann können Sie es anderen auch nicht verkaufen.

In »Tell to Win« zeigt Peter Guber, dass es neben trockenen PowerPoint-Präsentationen, Fakten und Zahlen noch andere Präsentationsmöglichkeiten gibt. Das Erzählen anschaulicher Geschichten kann ein effektives Instrument sein, Ihre Zuhörer zu erreichen und zu überzeugen.

Aus Gubers eigenen Erfahrungen wird deutlich:

· Fesseln Sie die Aufmerksamkeit Ihres Publikums
· Motivieren Sie Ihre Zuhörer, indem Sie authentisch sind
· Achten Sie bei Ihrer Geschichte darauf, dass die Inhalte zu den Zuhörern passen
· Machen Sie aus passiven Zuhörern aktive Teilnehmer

Um die Kraft des Storytelling zu demonstrieren, lässt Peter Guber in diesem Buch viele bemerkenswerte »Geschichten-erzähler« aus dem Nähkästchen plaudern. Zu ihnen zählen der YouTube-Gründer Chad Hurley, der Magier David Copperfield, der Regisseur Stephen Spielberg, die Rocklegende Gene Simmons sowie der ehemalige Präsident der Republik Südafrika Nelson Mandela.

Anhand der zahlreichen Beispiele lernen Sie, wie Sie eine wirklich fesselnde Geschichte gestalten und erzählen, um Ihre Mitmenschen erfolgreich von Ihrem Vorhaben zu überzeugen.

Probekapitel und Infos erhalten Sie unter:
www.mitp.de/9127

ISBN 978-3-8266-9127-0